なぁんもなかったどん

霧島山を見上げて育った少年の物語

北村《きたむら》秀秋《ひであき》 著

鉱脈文庫
ふみくら
23

まえがき

私は昭和十九年（一九四四）都城盆地に生まれた。一年後の昭和二十年は、太平洋戦争敗戦の年である。物心ついた昭和二十四、五年は、日本はまだ敗戦の混乱期にあり、精神的にも物質的にも貧困のどん底にあえいでいた。

私の家は、両親と九人の子どもという大家族で、ご多分にもれず貧乏であった。私はその末っ子として、母が四十歳の時に生まれた。

父は印刷工として働いていた。世間に対してはまじめで、人当たりのよい生き方をしていた。気位が高く、よく言えば清貧に生きた。しかし、経済的に余裕のない生活は精神を緊張しつづけなければならず、それだけに家族に対しては厳しかった。

父は、子ども好きではあったが、子どもの私たちにとってみれば融通のきかない、やかましい頑固な親父であった。

私が小学校に入学する頃は、高血圧のため仕事をやめ、家にいた。庭先で花をつくったり、小さな池で鯉を養ったりして生計を維持していた。また、近所に田畑を借りて、小作人として耕していた。

現金収入を求めて父の代わりに働きに出だしたのは、母であった。当時失業対策事業として設けられた仕事の人夫となった。いわゆる「ニコヨン」「土方《どかた》」であった。

しかし、毎日仕事があったわけではなかった。朝、職業安定所に行ってはみたものの仕事にありつけず、「きょうは、あぶれた」と言って途中で帰ってくることもあった。そういう母のがっかりした姿を見ることは、子どもながら寂しいものであった。

母がその仕事についたのは、私が小学校に入学した年と同じ昭和二十五年であった。その後私が大学を卒業し、就職してからも失対労働者として働いた。失対を辞めたのは七十歳を越してからであった。

私が育った昭和二十年、三十年代は、物質的に恵まれていない時代であった。私の家のような貧乏家庭では本当に物そのものがなかったのである。

大げさに言えば、私にとって生きることとは、物を得るための戦いであったし、物を得るために生きていたともいえる。と言って、生活や精神が腐れ、自堕落になっていたわけではない。逆に精神はきりっとしていたような気がしている。

貧乏の中にも家族の中に、人間としてのゆとりのようなものがあった。それは、感謝して生きるという両親の正直な生き方によるものであろうと考えている。

この話は、私が物心ついた昭和二十年代を中心に昭和三十年代までの、私が体験し、記憶に深く残った「物（もの）」にまつわる思い出を、衣・食・住・学用品・遊び道具について述べたものである。それはまた、霧島山を仰ぎ見ながら都城盆地に生きた少年の、つたない成長の軌跡でもある。

書名にした「なぁんもねかったどん」とは、「何もなかったけれども」という意味の、都城地方でいまも使われている諸県弁である。

平成十八年（二〇〇六）秋

著者記す

我が家の家族

父　明治三十一年都城市に生まれる。印刷工であった。昭和二十五年から病気療養に入り、片手間に養魚や花・農作物の栽培をし、生計の足しにする。昭和三十七年病死。
なお、祖父は十八歳の時、西南戦争に薩摩方として参戦している。祖父は曽祖父に手を引かれて、明治になる直前に宮崎方面から志和池に流れ着いたと伝えられている。そのとき曽祖父は、菅原道真公の木像を縄に縛って担いでいたという。その像は今も「天神さあ」として本家に祀られている。

母　明治三十八年奈良県に生まれる。専業主婦であった。昭和二十五年から一転して失対労働者となり、その後三十年近く働く。母は二歳のとき大阪から船に乗って宮崎大淀川の船着場につき、馬車で都城に来たという。祖父が県の淡水魚試験場長として招かれ、奈良県の郡山から赴任したのに伴ったものであった。平成五年老死

長女　大正十五年生まれ　　次男　昭和十二年生まれ
次女　昭和　三年生まれ　　五女　昭和十四年生まれ
三女　昭和　五年生まれ　　　　　（昭和二十年死亡）
　　　（昭和九年死亡）　　六女　昭和十六年生まれ
四女　昭和　七年生まれ　　　　　（私にとっては四番目の姉）
　　　（私にとっては三番目の姉）　三男（私）昭和十九年生まれ
長男　昭和　十年生まれ

昭和25年頃の我が家の略図（敷地は約100坪）

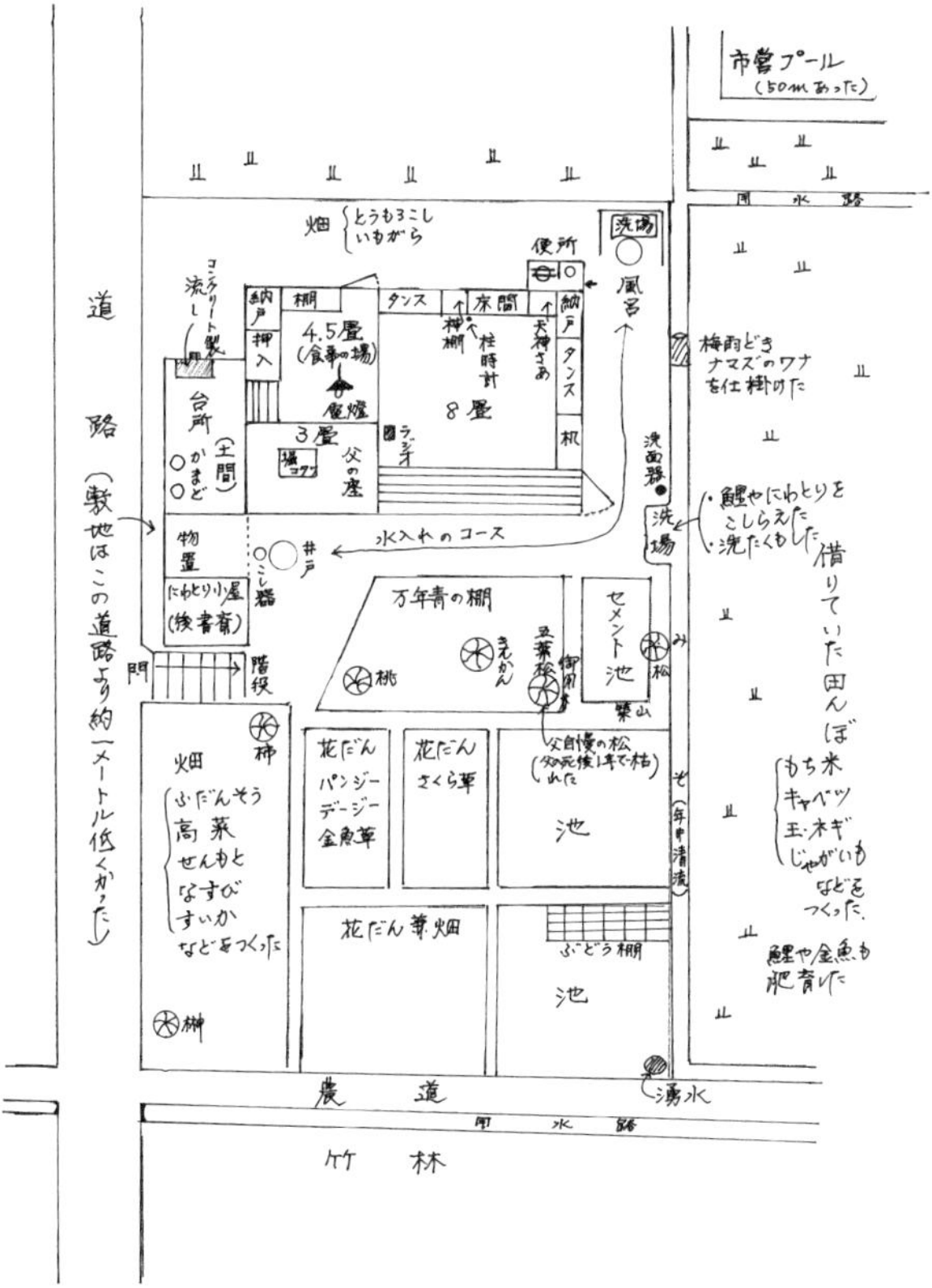

目次

着るもの　履くもの　被るもの

食べるもの

住まいの物 暮らしの物

学用品
遊び道具

着るもの
履くもの
被るもの

パンツ

身体検査の悲喜交々

ちきぃ（体重計）

小学校の三年生の頃まで、私は学校が始まると、落ち着かない日々を過ごした。

身体検査の日が近くになると、いよいよ「どうしようか、どうしようか」と悩むのであった。身体検査とは、身長や体重等を測る、今で言う「体位測定」のことである。その中で体重測定が一番の悩みの種であった。

その頃は食糧難で、どの子もやせ細っていたが、私もその一人で、胸にはあばら骨が浮き出ており「洗濯板」と言われていた。しかし、悩みはそういうことではなく、一番の心配事はパンツをどう工面しようかということにあった。

その頃、私はパンツをはいていないことの方が多かったのである。ズボンの下は素肌であった。

パンツは十月の運動会のときに、ランニングシャツと一緒に買ってもらっていた。

買ってくれるのは年にそのとき一度きりであった。パンツ一枚で一年を持たせるというのは至極難しかった。だが、もう一枚買ってくれとは言えなかったのである。買ってくれとは言い出せない家の貧しさを、雰囲気として子どもながらに感じていたからである。

洗濯しても替えのパンツなどがあろうはずもなかった。そのうちパンツはすりきれたり破れたりして、布を当てて補修を重ねるが、もう手の施しようもなくなると、その後はパンツなしで過ごすのであった。

身体検査の日が三歳上の姉の日と違っているときは、姉が私を助けてくれるのであった。その方法とは、姉が自分の穿いているズロースを私に穿かせるということであった。

パンツとズロースのはっきりした違いは何なのか知らないが、子ども心には、パンツはゴム紐が胴回りの一カ所だけ、ズロースは胴回りと両太もも回りの三カ所にゴム紐が入っていることであった。

私の身体検査の前日になると姉は自分のズロースの太もも部分のゴム紐を抜き、パンツらしくして私に穿かせてくれるのである。そして私の検査が終わると姉はまたそれにゴム紐を入れ、ズロースとして使うのであった。私に貸してくれた日は、姉はズロースなしで過ごしたことになる。

姉のパンツ（ズロース）はなんだか柔らかくすべすべしており、木綿の、しかもつぎはぎだらけの私のパンツと比べて、気持ちのよいものであった。女の人はこんなに気持ちのよいものをはいているのかと、小さいなりに思った。

今考えるとおかしくもあり、泣けてもくるのだが、こういうことは、私と姉とがこっそりと話し合ってしていたことであり、親はもちろん他の兄姉も知らないことであった。すぐ上の姉には感謝するしかない。

ところが、身体検査の日が姉の日と同日になると、もうあきらめるしかなかった。ズボンをはいて上半身裸という姿で検査に臨まなければならなかった。覚悟の上での姿であった。しかし、そういう姿の者は、私一人だけではなく、学年に二、三人はいたのである。いよいよ体重測定が始まると、ズボン組はどんどん後ずさりを始めるのであった。

そのとき先生が、

「ズボンの者は、一キロ減らすがいいか。」

と言われることもあった。それは天使の声に聞こえた。「助かった。ズボンのままで体重計に乗ることができる。」

けれども、そういう先生ばかりではなかった。しかも、子どもの中から、

「誰だれ君は、ズボンのままです。」

という余計なおせっかいを言う者がいて、ズボン組は緊張の極に立たせられるのであった。そのとき、先のような言葉が先生から発せられると、ほっとするのだが、

「ズボンの者は、残っておけ。」

と言われると、もう死刑を宣告されたも同然で、これから何が自分の身に起こるのか、打ち震えるのであった。先輩の中には、真っ裸で受けさせられたということがまことしやかにうわさされていたからである。

パンツ組が意気揚々と出て行くと、ズボン組二、三人が衛生室（保健室のことを当時はこういっていた）に取り残されることになった。すると既に計量の終わったパンツ組の者は、衛生室をワーッと取り囲み、中の様子を窺うのであった。

衛生室は、当時としては珍しい、四方がガラス張りの部屋であった。終戦から間もない頃で、透明度の悪いすりガラス風のガラスがはめてあったが、中の様子は十

分に窺い知れるのであった。

「なぜパンツを穿いてこないのか。」と問われても、「持っていません」とも言えず、「家が貧乏だからです」とか、「親がかまってくれません」とは、なおさら言えなかった。口ごもり、つぶやくように、「忘れました」としか言いようがなかった。

今考えれば、妙な言い訳であるが、子どもにできる精いっぱいの応えであった。

幸いなことに、真っ裸で測定を受けさせられたことは私にはなかった。

しかし、衛生室を出るときには勇気がいった。中の様子を根掘り葉掘り聞く奴等が少なからずいたからである。半分は同情もあったのかもしれないが、多くは興味半分であった。

「どげんもなかった。ヤーま。」

と言って私は強がってみせ、もうそのことには二度と触れるなというそぶりを、友達にして見せなければならなかった。「ヤーま」という言葉は私の口癖で、「そんなことどうにも思っていない」とか「自分にとっては何でもない」ということを暗に示す強がりの言葉であった。

こういった出来事を両親に話したことは一度もない。言っても親がパンツを買ってくれる保証を見出せなかったし、親にとってはもっと辛いことであるのではないかと感じていた。何より父の機嫌が悪くなり、怒り出し、一向におさまらないということを、姉や兄たちの前例で見ていたからかもしれない。

父の怒りの矛先《ほこさき》はどこに向けられているのか、分かりづらかった。学校の指導にだったり、子どもたちにだったりもしたが、案外、自分自身にだったのかもしれない。

金がないという生活に、父はある苛立たしさを感じていたのは事実である。しかし、父の怒りのとばっちりを受けるのは、結局家族（母と子どもたち）であった。

父の機嫌を悪くすることはもうたくさんであった。親に告げることは、結局、自分が叱られることであった。

とは言っても、むやみに子どもをしかる父ではなかった。むしろ子ども好きで、子ども自慢でもあったのだが、怒りの矛先を持っていきようがなかったのだろう。

このパンツの思い出は小学校三年生で終わっている。姉は中学生になっていた。

洋服（学生服）

ふせ（補修）にふせした着たきり雀

洋服をいつ頃から着始めたか記憶がない。四、五歳まで「いしょ」を着ていた。「いしょ」とは「衣装」のことである。「いしょ」といえば、私にとっては和服のことであった。和服といっても、寝巻きに近い着物で、灰色の木綿の粗末な生地で作られており、紐を袖に通して後ろで結んだ簡単なものであった。

「いしょ」は大抵、母が縫ってくれた。それも自分の着物をほどいて洗い張りし、子どもの「いしょ」を作ってくれた。家には、洗い張りをする板や、布を干すための竹ひごの両端に針をつけた「しんし」（伸子）などの道具があった。

「いしょ」の下に、冬はメリヤスのシャツとパッチを穿いた。パッチとはももひきのことであるが、私たちは「デコンパッチ」と言っていた。夏は素肌にそのまま「いしょ」を着ていた。もちろんパンツは穿いていなかった。

ズボン

近所の子どもたちも似たり寄ったりの服装をしていたが、分限者《ぶげんしゃ》（金持ちのことをそう言っていた）の子どもたちや、他所《よそ》から移り住んできた家の子どもたちは洋服を着ていた。そういう子どもたちは何となく上品で、あか抜けて見えた。（「他所」という言い方には県外・都会というニュアンスがあった。その人たちのことを「普通語をしゃべる人たち」と言っていた）。

そういう憧れもあったのか、五歳の頃、私は母に洋服を着たいとねだったことがある。母は古着の寝巻きをほどいて半ズボンを縫ってくれた。出来上がると、早速その半ズボンを着て外に飛び出し、見せびらかし（披露）にいった。ところが、しばらく立ったりしゃがんだりしていると、お尻の方からピリピリという音が聞こえだした。お尻の付近を何回か撫で回していたところ、その部分に大きな穴があいていることに気付いた。

ミシンもなく、それこそ母の手縫いの和服仕立ての半ズボンである。糸目も五ミリ以上はあろうというものであったし、もう生地がくたびれてしまっていて、縫ったところから破れていくようなものであったのである。

母は裁縫を得意としていたが、和服専門であった。あえなくその半ズボンは三十分くらいの命に終わった。また私は「いしょ」の生活にもどった。

洋服の記憶がしっかりしてくるのは、小学校入学の頃からである。洋服とは即学生服のことであった。

学生服は三番目の姉が買ってきてくれることになっていた。当時、三番目の姉は近くの製縫工場の縫い子として働いていた。そこは衣料品全般を取り扱う問屋でもあったので、従業員として少し安く品物を手に入れることができたからである。

正月前になると、新しい学生服がいつ来るのか、首を長くして姉の帰りを待っていたものである。その学生服はお正月用の晴れ着にもなり、通学用の服でもあった。そして、更に重要なことは、その学生服が生活着でもあったのである。

冬は起きている間中、その学生服を着ていた。他に羽織るものはなかった。下着はもちろんメリヤスのシャツとデコンパッチであった。下着の上は学生服であった。ワイシャツなどを着けるようになるのは、ずっと後のことである。

子どもに洋服を買ってやることは、親にとっては最大の親らしいハレの行事であった。それは、親たちのやりくり生活の戦果でもあったのである。だから、子どもたちは、押し戴くようにして洋服を貰い、うれしさいっぱいの顔を親に見せるのであった。と言うより、見せなければならないような義務感を感じていた。我が家にとって洋服授与式は、一年に一度の大事業であったのである。

小学校の時の学生服は平襟で、桜のボタンがついていた。姉が買ってくる学生服の商標は「乃木服」か「大楠公」のどちらかであった。商標が示すとおり学生服は、軍服の香りが大いに漂っていた。

学生服は目の粗い硬い生地で出来ており、肌触りも悪く、しかも、あまり丈夫でなかった。しかも洗濯を殆《ほとん》どすることがなかった。何しろ一枚っきりの生活着でもあったから、洗濯すると着替えるものがなかった。文字通り「着たきりすずめ」である。

当時の子どもは栄養状態が悪かったせいか、よく鼻水をたらしていた。今のようにティッシュという便利なものはなく、ちり紙を使ったが、これとて貴重品であった。新聞紙や広告のチラシをもみくちゃにして柔らかくして鼻を拭いていた。印刷インクが溶けて、鼻の頭が黒くなったり赤くなったりした。しかし、子どもたちはそういう紙さえも使わなかった。

鼻水が出てくると初めはすすり上げ、しょっちゅう出てすすり上げが間に合わなくなると、上着の袖で鼻を拭いた。おかげで袖はてかてか・カパカパに硬く、黒光りしていくのであった。

ズボンはもっと惨めであった。上着は時々脱ぐことがあるが、ズボンは四六時中はいていなければならなかったので、傷みが激しく、もうつぎはぎだらけであった。ひざとお尻の部分は当て布をし、何回も何回もふせ（補修）をした。ミシンのある家は新しいうちからズボンのお尻の部分にジグザグにミシンを入れ、生地を硬くして破れないようにするなど、涙ぐましい努力をした。見た目より、いかに長持ちさせるかが最大の課題であったのである。

昭和三十年代になると、学生服の生地もだんだんよくなり、ギャバという手触りのよいものが出回りだした。従来のものより少し値がはったが、姉はそれを注文してくれた。

ギャバとはギャバジンという綾織物のことで、生地の目も細かくなり、光沢もあった。表地がよくなると同時に裏地も改良され、やや軽くなった。

「おいが洋服はギャバじゃっど」と自慢をすることもあった。

中学生になると詰襟《つめえり》の学生服となった。そして白いセルロイドのカラーを襟につけて着た。襟ホックをかけると、何故か凛々しくなったような気がしたものであった。

この襟ホックをしない者がいて、学校の生徒指導の問題になった。もちろん不良ぶって大人への反抗を示そうしていた者もいたが、身体が大きくなったのに、学生服は去年のもの。小さくなり、ホックをかけると窮屈でたまらないという事情もあったのである。

ズボンも中学校時代になると、裾《すそ》が極端に細くなったマンボズボンや、逆に裾幅が極端に広くなったラッパズボンが流行ったりした。物が少し豊かになっていくにつれて、ファッション性もでてきたのである。こういう状況に、学校の先生方はいよいよ神経を尖らさなければならなかった。

私はといえば、親の買ってくれる学生服をありがたく着るばかりであったので、ノーマルといえばノーマルの「まじめな模範的な生徒」という印象を持たれていたようであった。

いしょ屋（衣装屋）

「いしょ屋」を回った母の着物

いしょ屋の看板

私にとって「いしょ屋」といえば、母の着物（和服）に関する特別な思いの言葉であった。

きょうもまた母は「いしょ屋」に出かける。小さい私には何のことか分からないままに母に連れられて、「いしょ屋」に通った。

「いしょ屋」とは実は我が家で使う「質屋」の隠語であった。母は「いしょ屋」に行くことが多かった。

蔵原町にその「いしょ屋」はあった。今も質屋として現存している老舗《しにせ》である。母が嫁入りしたときに実家から持ってきた唯一の和服が質草であった。「いしょ屋」の周りには、十数人のおばさんたちがひそひそと話しながら、自分の番を待っていた。

「いしょ屋」の主人はそろばんを持って座敷の中央に座っていた。母は、入り口の縁側に腰掛け、主人と何か言葉を交わしていたが、しばらくするとはらはらと涙を流しだした。

主人は困ったような顔をして、

「もうこれ以上はだめです。」

という仕草を見せていた。傍にいて、子どもながらにいたたまれないものがあった。

母の涙をみることは、しかも他人の前で泣く母の姿は、子どもの私にとっては、衝撃的であった。何かもの悲しく、寂しかった。

「何で、泣くとな。」

と言って、母の手をとって連れて帰りたい衝動にかられた。が、何もできなかった。

その頃（昭和二十年代）、母が通っていた「いしょ屋」は、この他に少なくとも二軒はあった。

ひとつは近くの酒屋が始めたもので、質屋としては素人であった。質草の管理が悪く、物置に雑然と質草が積み重ねてあった。金の工面がついて質草を取りにいくと、山のような衣装の中から質草を探すのに難渋していた店主の姿を思い出す。その頃の質屋は質草の管理が悪く、虫食いにやられることもあった。

その店は、おばさんたちから、

「あすこはすぐに流してしまう。私の一番立派な着物は、その日の晩に受け出しに行ったのだが、出してもらえなかった。」

などという愚痴とも悪口ともいえないような悪い噂を立てられ、ついには質屋をやめる破目になった。

もう一つは市が経営する公営質屋であった。石の蔵を持ち、なんだかよそよしい雰囲気が流れていた。我が家と同じ町内にあり、主人とは顔見知りであったので、日常の生活ぶりも見通されているようなところがあった。それと公営の質屋は余り金をかしてくれなかったのか、母たちは今ひとつそこを利用しなかった。しかし最後の最後になったらそこに頼るしかなかったのである。質草は、例の母の着物である。

あるとき、県外に出稼ぎに行っていた兄からの送金がなかなか来ず、支払いが滞り、もうどうしようもなくなったことがあった。母は最後の手段として、その公営質屋に着物を持って出かけて行った。

ちょうどそのとき、家に郵便が届いた。兄からの現金書留であった。父は走って母を追いかけ、質屋の玄関で、

「ぜん（銭）が送ってきたぞ。」

と知らせ、間一髪、その着物は質草になることを免れたのであった。

母のこの着物は多くの「いしょ屋」を回った。その後、その母の「いしょ」はどうなったのか知らない。「いしょ」が家にあるときは、母のタンスの上から二番目の引き出しにそれは大切にしまわれていたが、いつの頃からか、見ることはなかった。最後には「流れ」てしまったのか、あるいは「米」に化けて一生を終えたのかも知れない。

下駄と靴

高下駄・挽き下駄・ゴム靴

小さい頃の履物の主流は下駄であった。下駄は盆と正月に買ってもらっていた。下駄には足台と歯が一体となった歯の短い「ひっ下駄」と、歯を差し替えることのできる歯の長い「さっし下駄」とがあった。

ひっ下駄は「挽き下駄」の転訛で、鋸《のこ》で挽いて作った下駄のこと。さっし下駄は高下駄のこと。「さひ下駄」とも呼んでいた。「差し下駄」の転訛である。小さい頃はほとんど「ひっ下駄」を履いていたが、大きくなると「さっし下駄」を履くのが流行りであった。

歯の長さは、下駄屋に行くと好みに応じて入れ替えてくれた。その頃の下駄屋は殆ど製造直販で、主人が職人であることが多かった。そこでは、切れた鼻緒の修繕やすれて短くなった高下駄の歯を差し替えてくれた。

高下駄（差し下駄）

ひき下駄

兄たちは高下駄の歯の長さを競い合っていた。もともと雨降り用として使われることの多い高下駄であったが、中学生にもなると天気のよい日でも、高下駄音もカランカランと、天下を睥睨《へいげい》したように闊歩《かっぽ》するのが「カッコ良かった」のである。だから、必然的に下駄の歯は高くなっていった。あまりの高さに引っくり返ることも度々あった。足をくじく者もいたが、若さというのは、そういうことより流行に敏感であった。その頃の男の子はバンカラを粋に感じていたのである。

よく朴《ほお》歯の下駄といわれるが、これは歯に朴の木を使った下駄ということである。朴の木は、木版画の台木として用いられるうす緑色をした高級材であるが、高下駄に朴の歯を入れると、朴のうす緑が映え、スマートで格好がよかった。

普段に私たちが履く下駄はそういう高級な材を使ったものではなく、栴檀《せんだん》か樫木《かたぎ》を材として使っていた。それはかなりの重さがした。しかし、その重さを競うところも、バンカラ流であった。わざと重い木の下駄を履いて足腰を鍛えているのだ、と自慢する者もいたのである。杉の下駄は軽く、値段も安かった。磨り減るのが早いので、余り好まれなかったが、歯の磨耗を減らすために、歯の裏にブリキを打ち付けて闊歩する者もいた。歩くたびにカシャカシャと歯に響くような、いやな音がした。そしてすべり易く、危険この上もなかった。

下駄の歯の磨り減り方で、のんびり屋かどうか判別できるものだといわれていた。のんびり屋は下駄をカランコロンといわせながらゆっくりと上を向いて歩くので、後ろの歯が磨り減る。忙しく歩きまわる者は前かがみになって歩くから、前の歯が磨り減るというわけである。高下駄の前の歯を抜いて、前のめりになりながら歩くと速く歩けるということを工夫した者も昔はいた、と聞いたことがあったが、真偽のほどは分からない。下駄の緒にも流行があった。白にするか黒にするか、太いのにするか細いのにするか、男らしい自分を演出するためにそれなりに凝るのであった。

記憶に残る傑作な下駄は、父が作った竹の下駄である。直径二十センチほどの大きな竹を二十四、五センチの長さに切り、それを縦にまっぷたつに割って、それぞれに三つの穴を開け、そこに鼻緒を通して下駄とした。少々歩きにくかったが、足を洗った後などに濡れたまま履くのには重宝した。竹は乾きが早かったからである。

竹げた

学校への登下校は下駄か靴であった。もちろん、靴があれば靴を履いて行きたかったのであるが、靴があることは珍しかったので、大抵は下駄であった。雨が降ると裸足で学校に行くのが普通であった。靴は私の家にとってはもうぜいたく品であった。小学校の頃に靴を履いていたという実感がない。

小学校の三、四年生の頃であったろうか、ゴム靴というものが流行った。普通の靴は底だけがゴムであとはズック布等で出来ているが、ゴム靴はすべてをゴムで作った代物であった。茶色と灰色の二種類があった。靴ヒモなども型押しして普通の靴を真似てあり、外見は立派な靴であった。しかし通気性が全くなく、夏の暑いときには汗と埃にまみれ、ぬるぬるぐちゃぐちゃとなり、もう靴の中も足も真っ黒け、おまけに臭気もひどかった。逆に冬は冷たく、ゴムが硬くなり、履きにくかった。

オールゴム靴

材料のゴムが粗悪であったため、よく破れた。一箇所にちょっとした切れ目やほころびが出てくると、瞬く間にそれが全体に広がるのであった。糸でつなぎ合わそうと努力しても、その針穴からまた破れるという始末であった。

こういうゴム靴ではあったが、買ってもらえると本当にうれしかった。お盆には下駄を買ってもらっていたが、ゴム靴が取って代わった。大事に使い、洗濯もよくした。しかし、分限者にとってはこのゴム靴は我慢ならぬものであったらしく、自分の息子に「汚い。触るな」などと言って、さも不潔そうに私たちのゴム靴を見ていた目を、今でも忘れることができない。

時には、学校に履いていけるような靴も下駄もないことがあった。そのときは裸足で行くしかなかった。小学校四年生の時のことであったか、寒い冬の朝、履いていくものがなかった。都城の冬は寒が強く、霜が真っ白に降り、地面には四、五センチの霜柱が立っていた。裸足で行くには逡巡するものがあったが、仕方がない。私は裸足で行くことを決心した。

そういう姿を友達や近所の人に見られるのは恥ずかしかった。だから一番に学校に着かなければならない。意を決して地面におりた。最初は足が冷たいだけであったが、すぐに今度は痛くなりだした。足をピンコピンコ上げながら、できるだけ地面に着かないように歩いた。もう足の感覚もなくなりそうであった。

学校の近くになると道沿いに小さな小川があった。今朝はその小川からもうもうたる湯気が立ちのぼっているではないか。都城地方では気圧の関係からか、冬にこのような気象現象がたまに見られた。その湯気はいかにも温かそうで凍えた足には誘惑的であった。小川に指を入れてみると外の空気より温かかった。私はざんぶとばかりその小川に入った。足に温もりが感じられた。これはよいと、小川の中を歩いて学校に行くことにした。

ようようの思いで学校に着くと、今度は足を洗わなければならなかった。当時の学校には、学級ごとに足洗い場があり、常に水をためていた。水道などの便利な設備がなかった時代であった。

ところがその足洗い場には厚い氷がびっしりと張りつめていた。石を持ってきて割ろうとしたが、なかなか割れなかった。仕方なく、汚れた足を氷になすりつけ、そして教室にあがった。ほっとするところであるが、教室の床はもっと冷たかった。前日からの寒さで、木造の校舎は完全に冷えあがっていたのである。

油っけのない汚れた足は、冬になるとあかぎれができ、ひび割れた。風呂に入るときはお湯が沁み、とても痛かったものである。

中学生になっても下駄で通学することが多かった。ところが、ある日突然、

「通学に下駄を履いてくることまかりならん。」ということが言い渡された。青天の霹靂《へきれき》、私にとっては泣きたくなるような事件であった。

今度ばかりは、親に無理を言って靴を買ってもらった。もったいないような真新しい靴を履いて学校に行った。靴がこんなにも快適であるのか。足取りも軽かった。ところがそれから二、三日した放課後、下駄箱（靴箱とは言わなかった）に行くと、私の靴が見つからない。確かにこの下駄箱においていたのに。しかし、何処《どこ》を探しても見つからなかった。学校中を探したあげく、先生に訴えた。

「名前を書いていたか。」

そう問われ、まだ書いていなかったことを答えると、そのことで叱られる始末であった。

盗まれたのであった。とうとう靴は出てこなかった。このことを親に言うことは絶対にできなかった。また買ってくれとは言えない。こっぴどく怒られるのが落ちである。

その日から苦労の毎日が始まった。家の下駄箱にある兄や姉たちの使い古して破れた靴などを拾い集め、あっちこっちを自分で繕い、かろうじてその靴を履いて学校に行った。しかし、靴自体がもう長くはもたない状態になっていた。

このとき幸いなことが起きた。この事件のちょっと前に納税推進作文コンクールがあり、応募していたら、それが二席に入ったということであった。そして、「賞品を渡すが、君の靴の文数《もん》を知らせてくれ。」という連絡があったのである。なんと、賞品はズックであった。助かった。これでなんとかできる。

ところがである、賞品のズックを手にとって見ると、どういう行き違いか、申し出ていた靴の文数より小さなズックではないか。目の前が真っ暗になる思いがした。早速、先生に言って、取り替えてもらうように頼んだところ、自分で店に替えに行ってほしいとのことであった。

指定された店に行くと、「その文数のズック靴はない。紐のついた運動靴ならあるが、値段が高くなる。」と言われ、またまた落ち込んでしまった。追加料金など払えるわけがなかった。

そんな私の姿を見てか、店主が県税事務所か何処かに電話で掛け合ってくれた。そうしたら、その高い靴でもいいですという返事が返ってきた。うれしさは百倍になった。欲しかった憧れの紐付き運動靴がもらえるなんて夢のようであった。

幸運な偶然の重なりで、私は大手を振って学校に行けるようになった。今度は名前を大きく書いたのは言うまでもない。

足袋と靴下

電球と破れ靴下

冬の足の防寒はもっぱら足袋であった。下駄を履いていたから当然のことであった。

足袋はお正月前に買ってもらっていた。その頃の道路は殆ど砂利道であったので、汚れも激しく、足袋の白い底はいつも真っ黒であった。

足袋を履いて靴を履くというアンバランスなことも時にはあった。足袋をして靴を履くと、足袋の留め金の部分が妙によじれて履きにくいものであった。靴下などというしゃれたものはまだ少なかったのである。あるもので我慢をするというのが、時代の美風であった。

靴下を履きだしたのはいつの頃か記憶がない。初めの頃は、姉や兄のお下がりを貰って履いていた。その多くは、「ふせ（補修）」が施されていた。

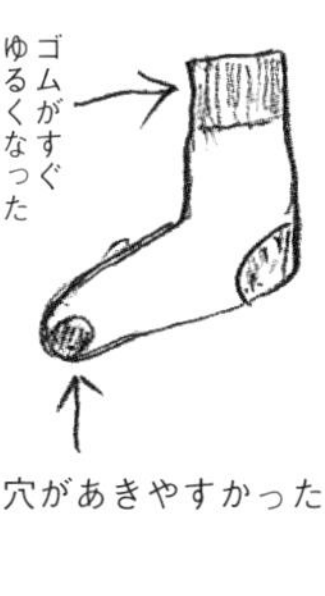
ゴムがすぐゆるくなった
穴があきやすかった

その頃の靴下は生地が弱く、すぐに穴があいた。特に親指の部分は何回も「ふせ」をしなければならなかった。また、足首周りのゴムも弱り、何回持ち上げてもすぐにずり下がってしまうものであった。そういう靴下さえ末っ子の私に回ってくることは少なかった。

小学校の家庭科の時間には、破れた靴下と電球を持ってくるようにというのがあった。靴下の「ふせ」の仕方を教えてくださるのである。

破れ靴下は身近にあったが、電球は近くに見当たらなかった。仕方なく我が家で使用中の電球を持っていかなければならなかった。それは、我が家唯一の電球で、線が切れようものなら暗闇の中で生活しなければならなかったのである。

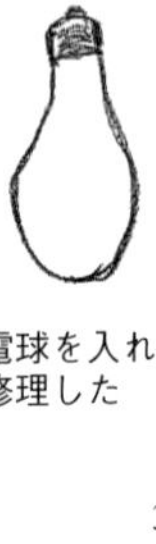

電球を入れて
修理した

靴下の中に電球を入れ、破れたところを縫い合わせたり、別な靴下の生地を当てたりして「ふせ」をしたものであった。下手に「ふせ」をするとごわごわとなり気持ちが悪かった。かえって、修繕しない方が履きやすいこともあった。しかし、何よりそれよりも、電球が切れはしないか、ということの方が心配であった。

学校の登山遠足のとき、こういう注意書きがあった。

「登山では足にマメが出来ることが多いので、破れていない靴下を履いてくること。」

こういう注意は、当時の私には無理難題というもので、どうしようもできなかった。ふせの少ない靴下を履いていくしかなかったのである。普段から、裸足の生活も多かったことから、すぐにマメが出来るような柔な足ではなかったのが当時の子どもたちであった。靴下は、その後ナイロンの出現により大変丈夫になり、破れることも少なくなってきたし、大量生産が可能になってきたせいか、もう「ふせ」してまでも履くということはなくなってきた。「戦後強くなったものは、女性と靴下」という言葉が流行った。

草履（ぞうり）

遠足はワラ草履

ワラぞうり

下駄や裸足で通学していた子どもたちは、遠足が近づくと、何を履いていけばよいのか悩むのであった。

下駄は長距離を歩くには疲れるし、裸足ではなんか格好がつかない、第一、小砂利の上を歩くのは足が痛い。靴を持っていれば悩むことのない問題であるが、靴を持たない悲哀。どうすればよいか、小さな胸を痛めた。

靴を履いていけない子は、結局、草履で行くことになるのであった。昔の旅はわらじでしていたというから、長距離の遠足には、軽くてよいというのも理由の一つであった。

当時の雑貨屋には、常時草履が二、三足は置いてあったものである。安いものは十円くらいで買えた。自分の家で作る者もいるにはいたが、草履作りは案外手間が

かかり、しかも難しい作業であった。

現在、学校で総合的な学習の時間等に地域の人材活用ということで、地域のお年寄りが、竹とんぼや草履の作り方を教えておられる。しかし、当時でもちょいと田舎に行かないと、草履を作る技術を持っている人は少なかったのである。

稲ワラだけで作られた草履もあったが、少し上等になると竹の皮を織り込んだ草履もあった。女の子の草履には、鼻緒に赤い布が折りこんであったりして、華やかさをちょっと添えていた。

草履は軽くて遠足に向いているようだが、なかなかどうして、履きにくいものであった。

当時の道路は、舗装が殆どされておらず、砂利道であった。その上をワラで作った草履で歩くのであるから、ワラが擦り切れるのは早かった。上等な草履は、ワラ打ちが丹念になされ、柔らかくしなやかで、ワラの締まりも良く、強かったが、安いものはそういかなかった。草履全体が、次第にゆるみだし、稲ワラが一本一本と抜け出したり、鼻緒が切れたりした。にわか雨に遭ったり、ぬかるみに落ち込んだりしたときは、悲惨なことになった。ワラが水を吸って重くなるし、歩いているうちに、ワラがばらけだし、草履の形がなくなってしまうこともあった。

その後は、裸足で歩くということになった。もう使えそうにもない草履になっていたが、子どもたちは、律儀にそのばらけた草履を手に持って歩いた。草履を履いていった子どもたちの遠足の帰り道は、大方このような経緯をたどった。

しかし、そうなるとは分かっていても、草履を履いていかねばならないのが当時の子どもたちの現実であった。

タンナ（ふんどし、キンツリ）

やせごてと黒いタンナ

我が家の隣には市営の五〇メートルプールがあった。水は川から引いており、濁りもあったが、都城市唯一のプールであり、夏の利用者は多かった。

私の小さい頃は無料であったので、私もよくそこで泳いだ。といって水泳が得意だったということではない。肺炎を患い、治療を長引かせたこともあって、ひ弱な体つきであった。どちらかといえば水は怖く、なかなかなじめなかった。

兄たちはそういう私を抱いてプールに入れた。私はぶるぶる震えながら兄にしがみついていた。時々、兄は、さあ泳げとばかり私を手放すこともあったので、いよいよしっかりとしがみついていなければならなかった。そうこうするうちに次第に慣れてきたのか、一人でもプールにいくようになった。しかし、ちゃんと泳げたわけではなかった。

タンナ

隣がプールなので、家で着替えして、裸足のまま飛び出した。着替えといっても「タンナ」を着けるだけである。

その頃は、水泳パンツはあまり着用されていなかった。殆どの男の子は「タンナ」を着けて泳いだ。「タンナ」という言葉は一体どこから来たものであるのか、見当がつかないが、どうも手綱《たづな》からの転訛であるらしい。お年寄りは「キンツリ」とか「ふんどし」などと呼んでいた。

構造はいたって簡単で、三角の布の三つの頂点にヒモを縫いつけ、二本のヒモは腰に結わえ、もう一本はお尻の下を通して腰紐にくくりつけるというものであった。色は殆ど黒であった。痩せて、しかも、お尻の小さかった私がタンナをはくと、泳いでいるうちに何回も何回もずり落ちてしまいそうになった。

中学校を出た兄たちは長い帯状の一本の木綿布を上手に腰に巻きつけ、ふんどしを作っていた。そのふんどし姿は仲々いなせなものであった。

兄たちは泳ぎが達者で、速かった。小さい子どもたちは、そういう兄たちの姿を見て、自分も早くあのようなふんどしをつけて、立派に泳ぎたいなあと憧れたものであった。

小学校五年生の時、生まれて初めて臨海学校なるものに参加した。その頃、小学校では夏になると、希望者を募って海辺の学校に宿泊する臨海学校が開かれていた。

小さいとき肺炎を患い、それから余り丈夫でなかった私を元気にするためか、両親は乏しい家計の中から臨海学校に行く費用を捻出してくれたのであった。

臨海学校の場所は、今は廃校になってしまったが、串間市の崎田小学校であった。その学校は入り江の奥まった淵に建っていた。校舎は昔の海軍の兵舎だったらしく、木造の相当古びた佇《たたず》まいであった。

久しぶりに見る海は広く、きれいな砂浜が続いていた。入り江には何艘ものボートが繋がれており、自由に使ってよかった。ボートを漕いで入江内を何度となく回った。岸にはハマユウが群生しており、見るものすべてが新鮮であった。

私は、米と毛布、そして少しの着替えとタンナをリュックにつめて参加した。リュックにはもうひとつ忘れられないものが入っていた。それは、小さな海苔《のり》の瓶詰《びんづ》めであった。

「ご飯のとき、海苔をつけっ食え（つけて食べなさい）」と、父が買ってくれたものであった。他の者たちはもっと贅沢な佃煮やおかずを持ってきていたが、私にとっては宝のような小さな瓶詰めであった。

午前と午後の二回海水浴があった。私は勇んでタンナを着け海岸に出た。すると、男の子は皆水泳パンツで、女の子はフリルのついた色とりどりの水着であった。私は一瞬気後れを感じた。ここは、家の隣のプールではなかったのである。黒いタンナを着けているのは自分ひとりであった。

女の子の前にタンナひとつで行くのが妙に気恥ずかしく感じられた。しかしそれは一瞬であった。というより一瞬にしたかったのである。思い切ってみんなの前に出るしか解決の方法はなかった。最初から皆の前に堂々と出て行けば、その後は恥ずかしくもあるまいと勇気を振り絞った。いつも、私にはこういう方法でしか解決の道がなかったのである。

海は雄大で、波は力強く砂浜を洗っていた。私は波に身を任せながら泳ぎまくった。力が湧いてきた。私は陽気に振る舞った。

そういう私のタンナ姿を見てか、女の先生がにこやかに微笑んでくれたような気がした。一瞬恥ずかしかった。

傘と雨靴

「アメアメ　フレフレ　カアサン　ガ」は辛かった

アメアメ　フレフレ、カアサン　ガ
ジャノメ　デ　オムカイ、ウレシイナ。
ピッチピッチ　チャップチャップ　ランランラン

という歌を学校でよく歌った。

北原白秋の詩に中山晋平が曲をつけたものである。雨降りの楽しみや期待を歌ったもので、心温まる幸福な家庭の親子関係が想像される。しかし、自分の境遇からすると、雨降りは深刻でいやなものであった。むしろ、白秋が作詞し、弘田龍太郎が作曲したもうひとつの「雨」の方が、その頃の私たちの気分に合っている。

雨がふります。雨がふる。

遊びにゆきたし、傘はなし、
紅緒の木履《かっこ》も緒が切れた。

学校で、雨が降り出すと私は、授業中であろうが、休み時間であろうが、気もそぞろになって集中力を失っていった。「きょうはどうして帰ろうか」という心配で頭がいっぱいになってしまうからであった。

放課後近くになると、「誰々君、お母さんが傘を持ってこられたよ」という声が教室に響いた。すると、一斉にその子をうらやましそうな目が追うのであった。中には、傘と一緒に雨靴を持ってくる家庭もあった。分限者であった。なにか、こみ上げるものを我慢した。

雨靴には特別な意味があった。普段履きの靴以外に雨用の靴を持てること自体、もう贅沢なことであった。まして我が家では考えられない持ち物であった。せいぜい高下駄を持っていれば上等であった。

母は失対の仕事、家には父がいるが、傘を学校に持ってくるような人ではない。まして傘が余分にあるわけではない。雨がやむのを学校で待つか。濡れて帰るか。

選択をいつも迫られた。

同じ境遇の友達も大勢いた。中には、上半身裸になり、シャツはランドセルの中にしまって、雨の中を走って帰る者もいた。シャツが濡れると明日着ていく服がなかったからである。

父はそんな姿を見て、「あんな見苦しいまねはするな」と言ってはいたが、明日着る洋服が私に保障されているわけでもなかった。こんな言葉を吐くのは、世間体を気にする父特有のやせ我慢の美学であった。濡れた着物は、火鉢やカマドで乾かし、明日もそれを着ていくしかなかったのである。

小学校二年生のときのことであった。午後から雨が降り出した。きょうも濡れて帰らなければならないのかと憂鬱《ゆううつ》になっていたそのとき、

「秀ぼん、お姉さんが傘を持ってこられたよ。」

という声が、どこか遠くから聞こえたような気がした。しばらくぽかんとしていた。すると近くの者が、

「秀ぼん、傘を持ってきゃったど（持って来られたよ）」と大きな声で言った。

「えっ、うそっ。」

そんなはずは絶対にないのにと、耳を疑った。

せかされて教室の外に出てみると、近くの製糸工場に住み込みで働いている姉が、本当に傘を持って立っているではないか。何か亡霊でも見ているような気持ちで立ちつくしていると、姉がにっこりとして、

「はい、傘。」

と傘を渡してくれた。ほんとだ、本当なのだ。うれしさがこみ上げてきた。顔がくちゃくちゃになりながら、

「ありがとう。」

と受け取って、自分の席に戻った。

他の者たちがうらやましそうに自分を見ていた。初めての優越感でもあった。

隣の席の女の子が、

「きれいなお姉さんね。」

と言ってくれた。私は有頂天になった。幸せいっぱいであった。家に帰ると、姉が、

「あんなに喜んでいるあんたの姿は初めて見た。」

と言って、なんだか自分もうれしそうにしていた。

姉はたまたま休みで家に帰ってきていたのだという。そのとき雨が降ってきたという偶然の重なりであったのだが、私に傘を持っていこうと考えてくれた姉の心遣いを、今でも忘れることがない。

傘を学校に持ってきてもらったのは、後にも先にもその一度だけである。その一度っきりの思い出に、もうひとつ付け加えたい初めての体験があった。姉の持ってきてくれた傘が「こうもり傘」であったということである。

こうもり傘はその頃はまだ珍しく、高級感が漂っていた。私たちが使っていた傘は、唐傘《からかさ》か、少し骨太の番傘であった。竹の骨に和紙を張り、油を塗って乾かしたものであった。重く、雨に濡れたまま長くたたんでおくと紙と紙がくっついてしまい、破れやすかった。だから、雨上がりの天気のよい日には必ず干さなければならなかった。

「ジャノメ　デ　オムカイ、ウレシイナ」の蛇の目傘は唐傘の一種であるが、文字通り蛇の目のような丸い輪の模様が描いてある高級品で、なんとなく、上流階級の奥様か、割烹《かっぽう》など水商売の女将《おかみ》さんがさしている傘というイメージが私にはあった。

初めてのこうもり傘に私は心が躍った。布張りのこうもりは軽かった。雨の音も番傘よりもはるかに静かであった。

わざわざ壊れた雨どいの下に行って、雨がばらばらと落ちてくるのをこうもり傘で受けた。音はぼとぼとと柔らかかった。

アニメ映画「となりのトトロ」のトトロのように、雨だれの音の楽しさを私も体験したのであった。

セピア色の遠い情景写真を見るような、忘れることのない思い出である。

手ぬぐいとハンカチ

衛生教育のはざまで

我が家には常時二枚のタオルがあった。二枚しかなかったというべきかもしれないが、それで事足りていた。一枚は父専用、もう一枚が家族全員で使うタオルであった。

父のタオルは正確に言うと日本タオル、即ち「手ぬぐい」であった。木綿生地の薄手の布である。どういうわけか父は手ぬぐいを愛用し、タオル地のものを使ったことがない。

もう一枚の家族用タオルは、朝、顔を洗うときから、汗をぬぐうとき、手を拭くとき、そして風呂に入るときと、朝から晩まで大活躍であった。家族七人分の需要を一枚でまかなっていたことになる。

家の風呂は井戸水を使っていた。我が家の井戸水は、金気《かなけ》がつよく薄茶色をして

胸にまぶしい
ハンカチ

いた。そのままではとても飲めたものではなく、飲料水にするときは、砂や木炭、棕櫚の皮の入った漉《こ》し器で濾過していた。しかし、風呂にはそのままの水を使っていたので、濁りのある温泉のような湯であった。おかげで我が家のタオルはすぐに茶色に染まってしまうのであった。

一番風呂は父であった。二番風呂は私になることが多かった。父は風呂のときもその手ぬぐいを使っていた。父は風呂が終わると、その手ぬぐいをざぶっと風呂につけ、濯《すす》ぐのが癖であった。しかも風呂の上でまた絞るのであった。絞り水が風呂の中にポタポタと落ちた。その父の一連の行為が私には解せなかった。

「汚いがな。濯ぐときは洗面器に湯をとって、外で濯いでほしい。絞るときも外に水滴は落としてほしい」と思った。しかし、父にそのことを口に出して言うことはなかった。「親に向かって、ギ（義）を言うな」と怒られるのが恐いわけでもなかった。親の権威を傷つけてはいけないと思ったわけでもなかった。が、何か言うのに憚られるものがあった。

父が軍属に行っていたときの習慣なのか、はたまた、お湯をできるだけ後に入る者に残しておくという配慮からなのか分からなかった。父の一連の入浴の所作には、よどみがなかった。

ハンカチという概念は、小学校に入学するまでなかった。それまでの生活にハンカチの必要性を感じたことがなかった。手を拭くのはタオルであったし、タオルは家に置かれるものであり、個人が持つという習慣がなかったのである。

ところが学校に入ると、

「お便所を使ったら手を洗いましょう。そしてハンカチで手を拭きましょう。」

と先生が教えてくださった。保健思想の普及であった。

しかし、ハンカチを持つという習慣はなかなか身につかなかった。手を洗った後は、手を少し振って水気を払い、自然乾燥させた。ときにはズボンのお尻で拭いたりした。ハンカチは私にとって生活を営む上で必要不可欠なものではなかったのである。

小学校入学式のときに、折りたたんだ真っ白なハンカチを胸に安全ピンで留めている二、三人の友達がいるのに目を奪われた。どういうことでこんな格好をしているのかと子ども心に疑問をもった。何かしら自分とは違う異質なものをその姿に感じていた。

その子等の母親たちをみると、みな立派な身なりをしていたし、先生ともさも親しそうに標準語でおしゃべりできる人たちであった。

私の母などは、先生と話すときは、もうしどろもどろ、諸県弁丸出しで、申し訳程度に語尾に「ます」「です」をくっつけて、かろうじて丁寧な言い方を保っているという風であった。できることなら先生とは離れていたかったのであった。

学校ではたびたび容儀検査があった。

「髪の毛や爪はちゃんとしていますか。」

「ちり紙は持っていますか。ハンカチは？　さあ机の上に出してください。」

と、先生や係が、一人ひとり見て回るのであった。

私は机の中で俄《にわ》かにごそごそと作業を開始した。弁当の包みをほどき、その弁当風呂敷をハンカチとして、机の上に出すことにしたのである。

弁当風呂敷の四隅は結んであったので相当によじれ、しわがとれなかった。見破られないためには、上手にたたむ必要があった。そして、長く机の上に置いておくと弁当風呂敷と見破られる恐れがあるので、点検の係がきたときを見計らって、さ

っと取り出して、

「ハンカチです。」

と言って、気づかれないうちに机の中に引っ込めてしまわなければならないのである。ばれはしないかと頭の中はもうフル回転、心臓はおどおどと高鳴り、身体は熱くなった。

こういう行為に罪悪感がなかったわけではない。しかし、容儀検査のグラフに忘れた事実がいつまでも残るのはいやであった。時には班競争もあって、他の班員に迷惑をかけるわけにはいかなかった。子どもながらの悪知恵というか、苦肉の策でもあったのである。私は、いかにも潔さのない子どもであった。

それならば、ハンカチを持つ努力をすればいいではないかという論理が成り立つが、その頃の私の生活にはハンカチは必需品ではなかったのである。それよりも他に、毎日の生活に本当に必要な物が、まだたくさんあったのである。

しかし、こういういたずら的行為ができたのは、弁当を風呂敷で包んできたときだけの話で、弁当は大方新聞紙にくるんでいたから、いつでもこういうことができたわけではなかったのである。

帽子

大は小をかねる

私にとって、帽子といえばそれは学生帽であった。小学校は制帽ではなかったが、男の子の大半は帽子屋で売っている既製品の学生帽をかぶっていた。

正面には桜の形をした徽章《きしょう》がついており「小學」と文字が旧字体で書いてあった。あごヒモもついていた。あごヒモは今では飾りのように考えられるが、当時は結構実用されていた。風の強い日や乗り物に乗ったときなどはあごヒモをあごに掛け、帽子が飛ばないようにしたものであった。

当時の乗り物には冷暖房がなく、暑さ寒さを窓の開閉で加減していた。窓を全開して走っていることも多かった。乗り物を利用した遠足や修学旅行等では、帽子が飛ばされて泣く子が少なからずいた。

学生帽

帽子が飛ぶもうひとつの原因は、帽子のサイズが本人の頭より大きいということがあった。

親たちは一概に大き目の帽子を買ってくれた。帽子は毎年買うものではなかったので、二年後、三年後の子どもの成長を推し量って、大き目のサイズの帽子を買ってくれた。だから、真新しい帽子ほど、ゆるゆるの帽子であった。小学校入学時に五、六年生までを想定して買ったとしか思えないような大きな帽子をかぶっている子も、時としていた。

夏になると無帽になるか、ちょっと涼しい麦藁《むぎわら》帽子や野球帽などをかぶっていた。今の小学生は赤白の運動帽をかぶって通学したりしているが、その頃は運動帽というものがなかった。

中学校になると学生帽は制帽として身に着けなければならなかった。学校のマークの入った徽章をつけ、黒地の布に白線の入った帽帯《ぼうたい》をつけることになっていた。帽帯は学校によって違っていたが、線の数が一本から三本ぐらいまであった。中学生は二本のところが多かった。この帽帯をつけると、小学生から中学生になったという実感が湧いてきたものであった。

中学校では一年中この学生帽をかぶっていた。夏になると白い布のカバーを帽子に取り付けて、少しでも涼しくしようと努力した。

　学生帽にも流行があった。一番特徴的なのは、鍔《つば》の長短であった。極端に長いつばが流行るかと思えば、今度はついているのかいないのか分からないぐらい短いつばが流行ることもあった。オックスフォード大学様の「短つば」などと言って、帽子屋の店主がつばを付け替えましょうともちかけることもあった。私などは親から買ってもらった標準規格の帽子を、後生大事にかぶっていた。というより、そういう金銭的余裕がなかったからに過ぎない。

　帽子をわざと汚したり、油を塗っててかてかに光らせたり、あるいは、わざわざ破ってミシンで繕ってからかぶるという弊衣破帽《へいいはぼう》を地でいく者もいた。他人とは違う格好で目立ちたいのか、あるいは、新品の物を身につけるのは面映いのか、そういう生徒が少なからずいたということである。

　学校ではそういう極端な帽子を校則違反として指導に躍起になっていた。標準規格のものしか買う余裕のない我が家では、そういう規則違反は全く無関係であった。おかげで北村家の子どもたちは「まじめ」という、ありがたい、そして困った評価が定着してしまった。

父の帽子も心に残る帽子である。

我が家における父の存在は偉く、父の座る場所は決まっていた。そこに他の者が座ることはなかった。家が狭いので父の独占できる部屋はなかったが、三畳間の一角が父の座であった。後ろには柱があり、その柱に父の帽子はいつも懸かっていた。

深緑色の帽子で、使い込んだせいかもうすっかり色はあせていたが、何か威厳があった。ヘチマのような植物繊維を編んでつくられており、軽くて涼しげであった。映画などでアフリカ探検隊がよくかぶっている帽子の形をしていた。

父が昭和の初め、軍属として中国の海南島に派遣されていたときの帽子である。海南島での父の記念写真を見ると、他の軍属の人たちの多くが兵帽なのに、父だけはその帽子をかぶっていた。

父はそれを大変気に入っており、手放さなかった。冬には鳥打帽子《とりうち》（私たちは丁稚《でっち》帽と呼んだ）のこともあったが、農作業にも外出にも、この帽子をかぶっていた。父の後ろの柱にかかるその帽子は父の誇りであり、父を象徴する帽子でもあった。嗅ぐと、汗とたばこの臭いがしみ込んでいた。

バンド

ひもよりバンド

六歳の頃であったろうか、半ズボンをはいて表に出て行くと、何か自分の半ズボンはみんなとどこか違うのであった。よくよく見ると、ほかの子どもたちの腰にはバンド（ベルト）というものがあるということに気がついた。金属製のバックルに皮のバンドはかっこよく見えた。自分の半ズボンは布のヒモでくくられていた。バンドというものを認識した初めであった。

家に帰ると、母に、

「みんなバンドをしちょっど（しているよ）。」と訴えた。

母はそのときは何故か、すぐに町に行ってバンドを買ってきてくれた。しかし、それは皮製ではなく、布製で、バックルも金属製ではなくセルロイド製であった。色も灰色の地味なもので、思っていたものとはかなり違うもので、がっかりであった。

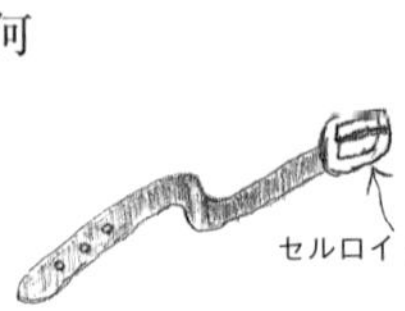

布バンド

それでもそのバンドを締めて外に出た。しばらくたつと布製のバンドはズルズルと緩くなるのである。何度締めなおしてもまたズルズルと緩くなるのであった。布に芯が入っておらず、バックルのところでだんだん細くなってねじれていくのが分かった。が、どうしようもない。えいっとばかりにバンドを強く締めたところ、今度はセルロイド製のバックルがぽきんと折れてしまった。万事休す。

母はそのよじれたバンドに熱くした和裁用のコテを当て、しわを伸ばして、店屋に出かけた。今度は、どんなバンドが来るのかと楽しみに待っていたが、母は手ぶらで帰ってきた。

「よかバンドはねかった（よいバンドはなかった）。」

とだけ言って終わりであった。狐につままれたような気持ちになったが、何も言えなかった。布のバンドは買えても皮のバンドを買うお金がなかったのであろう。

それから、いつの頃、バンドを買ってもらったか、余り記憶がない。小学校入学の学生服を買ってもらったときに一緒に買ってもらったのかもしれない。

あのときの「皮のバンド」は、私にとっては人並みというより、おせらしく（大人らしく）なりたいという願望であったような気がしている。

食べるもの

米

暮らし向きはご飯の色

我が家で白米のご飯を食べるのは、お正月とお盆、そして秋の米の刈り入れの日の、年三回しかなかった。白米のご飯は銀飯と言って、我が家では憧れの大御馳走であった。

普段の日は麦飯であった。麦を米とどのくらいの割合で炊いていたのか分からないが、母たちの話の中に「半々」という言葉をよく耳にしたものであったから、米五麦五のご飯であったのだろう。

ご飯に入れる麦は「押し麦」と言って、麦の実を押しつぶして平たくしたもので、楕円形で面積が広くなっていた。漂白の技術がまだなかった頃のことであったから、麦ご飯は炊くと薄黒くなった。五対五のご飯では、麦ばかりが目立ち、米を探すのに苦労するような状態であった。

枡（ます）
一枡・五合・一合
ますがあった

麦と米の割合は、家の経済状態と連動していた。家計に少し余裕ができると、米が多くなり、家計が窮迫すると麦が多くなった。

米は宝であった。米さえあれば生きられるという感覚が当時はあった。家では米をなるだけ使わない算段をした。麦や粟などの雑穀を混ぜたり、カライモなどをご飯に炊き込んだりして、極力米の消費を抑えた。当時は全体的にまだ米の生産量が少なく、値段も高かった。米の家計に占める割合は相当に高かったのである。

私の小さい頃、米は配給制であった。米穀通帳(こめん通帳と言っていた)なるものが各家庭に配布され、家族の人数等により米の割当てがあった。配給といっても米が無料《ただ》でもらえるわけではない。お金がないと買えないのである。といって、いつでも米屋に行けば米が買えるわけではなかった。米屋にも米がないことが多かった。

米の配給日が来ると、朝から米屋の前に人だかりが出来た。米がくるのを何時間も待たなければならないことも度々あった。ようやくにして米を積んだオート三輪車が着くと人々は安堵《あんど》し、唐米袋を持って米屋の前に殺到した。米屋は大きなブリキ製の容器の秤に俵から米を移し替え、それから「こめん通帳」に記されている量を測って、家庭ごとに米が配給されるのであった。

その配給される米の量は家族全員が満足して食べられる量ではなかった。育ち盛りの子どもがたくさんいて、母は相当苦労した。ご飯は茶碗で何杯までとか、どんぶりで一杯とか、食べる量を制限することもあった。父は治外法権的な存在で、もうご飯が無いというような素振りを母から感じると、

「おいに、はかい飯を食わすっとか（俺に、計り飯を食わせるのか）。」

と言って、機嫌が悪かった。

家の米櫃《こめびつ》に米が残り少なくなると、だんだんと心細くなるものであった。そしてついに米櫃が空になると、我が家では「代用食」なるものが登場した。米の代わりに芋やサツマイモを食べるのである。それもあればよい方で、イモガラやなすび等の油いためや汁物で不足分を補うこともあった。これで一日の腹を満たさなければならなかった。

「ズシ」も夕食にはよくでた。雑炊のことである。米少々、にんじん、ごぼう、カライモ、菜っ葉などの、食材が豊富であれば具沢山の固めのズシになったが、食材が少ないときは、水をたくさん入れて量を増やし、すするようにして食べた。

朝からズシということも度々《たびたび》であった。兄たちは、学校にズシを弁当として持っていくわけにもいかず、昼休みになると家に帰り、ズシをすってまた学校に戻るということも普段にあった。食べるものがあればいい方で、昼、家に帰ってみても食べるものが何もないということもあったのである。

後年、母がしみじみ語ったことがある。

「昔ゃ、まこちセンポ（本当に貧乏）した。きょうは何を食べようかといって、何も口に入れるもんがねかった。塩しかない時があった。どげんしようかと困った。ネっちいうことは、まこちネっということじゃった（ないということは、本当にないということであった）。」

（センポは千方の転訛である。「千方に手を尽くしたが、うまくいかない」ということから、「千方」だけで、うまくいかない、足りない、貧乏するなどの意に使った）

終戦後は、何でも配給であった。米の他にタバコや砂糖も配給であった。

タバコはタバコ屋に集まり、割り当てられた本数に従って、一本一本数えて配給されていた。たくさんの本数であったような気がしていたが、それで一カ月か二カ月分であった。父は、タバコがなくなると、いらいらとして機嫌が悪かった。コタツや火鉢の灰をかき回し、タバコの吸殻を捜しては、それを煙管《キセル》につめて喫うのであった。そういうことが度々あったので、火鉢の灰などはきれいそのもので、ゴミもなかった。

砂糖は我が家ではセッタンガン（石炭缶。一斗（十八リットル）入り）をもって行き、配給を受けた。何カ月分に当たるのか、缶の四分の一か三分の一ぐらいが一度に配給された。ザラメ砂糖であった。甘さに飢えていた私は舐《な》めたくて舐めたくて仕方がなかったが、母はザラメの四、五粒を取って与えるだけであった。

ふたもあった

セッタン缶

その砂糖はいつの間にか家から一粒もなくなっていた。家で使った気配は殆どなかった。どうしてなのか長いこと不思議に思っていたが、それは米に化けていたのであった。タバコもまたそういう運命をたどっていたようである。金になるものは何でも飢えを凌ぐための米に替えられたのであった。

昭和三十年代になって、米の供給もだんだんよくなり、配給制度もなくなってきたが、米はやはり我が家にとっては高値の貴重品であった。母は、米を安く手に入れる工面をしなくてはならなかった。

我が家は極貧であったが、母方は比較的裕福であった。養魚業の傍ら、田畑も手広く耕していた。ばあさん（祖母）がまだ健在であったので、何かとばあさんを頼った。

米を市価より大分安く売ってくれたのである。私は母から百円札を一枚渡されて、ばあさんのところに米を買いにやらされた。家から祖母の家までは三キロ以上の道のりがあった。一升百円の米を買うためにそこを歩いて往復した。

祖母の家に着くと、祖母が若いときから悪かった目を涙目にしながら、米の置いてある蔵の方に連れていった。米俵から米を一升枡で計って私の米袋に入れてくれた。そして、私に目配せをして五合くらいをまた入れてくれるのであった。

祖父が亡くなり、息子に家督を譲っていた頃であったから、ばあさんも思うに任せないところがあった。だからこのおまけは、ばあさんと私の無言の了解事項であった。一升の米はすぐになくなった。その度に私は、ばあさんの家に買いにやらされた。

学校で遠足があると、母はまた苦労しなければならなかった。麦飯で握り飯を作るとすぐに壊れてしまうのである。それは、麦に粘りがないためであった。他の友達がご馳走をひらいているところで、自分の子が一人ぽろぽろの壊れた麦飯の握り飯を食う姿は親としても忍びなかったのであろう。といって、白米のご飯を炊いてやる余裕はなかったのである。

そこで母は、ご飯を仕掛けるとき、いつもの麦ご飯に一握りの白米だけの部分を作り、一緒に炊いたのである。少々麦と混ざり合うことはあったが、その部分だけは他のところより色白であった。その部分で母は握り飯を作ってくれるのであった。

ごま塩のついた握り飯が三個竹の皮の上に並べられ、隣に大根の漬物が添えられていた。

カライモ（唐芋）

命の糧は食べつくされて

カライモは飢えの救世主であった。カライモは主食にもなり、おやつにもなった。戦争中はその茎や葉まで食べたと姉や兄たちは話していた。

父はある代議士の所有する百坪ほどの畑を借りて耕していた。作物は、カライモ、ジャガイモ、カボチャ、大豆、小豆、落花生、サトウキビ、トウモロコシなど多種多様であったが、毎年作るのはカライモであった。

畑はボラ土であったため、水もちと水はけが程《ほど》よく、カライモを作るのに適していた。この畑でできたカライモは、煮ても焼いてもふっくらとして、味がよかった。どこのカライモにも負けないうまさがあり、我が家の自慢でもあった。収穫したカライモはすべて家の食料になった。

私たち子どもは、畝《うね》つくりや草取り、そして収穫と、機会あるごとに手伝わされた。

カライモの収穫といえば、普通はカライモの蔓《つる》が枯れはじめてから秋口に一斉にするものであるが、我が家ではそういう日を待つ余裕がなかった。食料を買うお金に窮しだすと、収穫適期でなくても、父は畑に向かった。カライモができていそうな畝を素手で掘ってみて、食べられる大きさになったものがあるとそれを収穫した。小さいカライモはまた埋め戻すのである。

父がバケツ一杯のカライモを持って帰ると、早速釜に入れ、ふかして食べた。本当はもっと大きくなるはずのカライモであったが、食べるにはこのくらいの大きさのカライモが美味しい、等と言いながら、家族は競争のようにして食べた。これでなんとか飢えを凌いだ。

そういうことを何度も繰り返しながら、我が家のカライモは秋の収穫を迎えるのであった。途中で何回も掘ったり埋めたりしているので、大きく実ったカライモは少なかった。

畝の隅々まで鍬《くわ》で掘り返し、食べられそうなカライモはすべて集めた。細長く、煮るとひげのような繊維が出てくるものもあったが、それも持ち帰り、煮て食べた。
収穫したカライモは畑の隅に穴を掘ってわらを敷き、そこに入れてまた土をかぶせて保存した。冬の寒さから守るためである。といっても冬を越すカライモは余りなかった。その前にカライモは我が家で食べ尽くされていたのである。

カライモがなくなると、今度は近くの店にカライモを買いにやらされた。ほかの食物を買ってもよさそうなのだが、やっぱりカライモだった。安く、しかも腹を満たすのに最適な食物ということであろう。

母は私に、買い物かごと百円を渡し、カライモを一貫目（三・七五キログラム）買って来いというのが常であった。店屋のカライモは農林何号という白く大きなもので、五、六個で一貫になった。

そのカライモは、麦ご飯に混ぜて炊かれた。味は大味で、我が家のカライモの美味しさには及びもつかなかったが、やがてそれもおいしく思えるようになるのであった。

ある日のこと、母がカライモを買いに行くというので、

「オイが買ってくるが（俺が買って来る）。」

と言って、お使いを引き受けようとした。ところが母は、

「いや自分で行く。」

と言ってきかなかった。

普段なら私の役目であるのにと怪訝《けげん》な気持ちになった。

ずっと後で分かったことは、そのとき、家にはカライモを買う金さえなかったのであった。子どもの私が店に行ってもツケにはしてくれないので、母が自らお店に行くしかなかったのである。

おっけ（味噌汁・醤油汁）

おかずはいつもおっけ

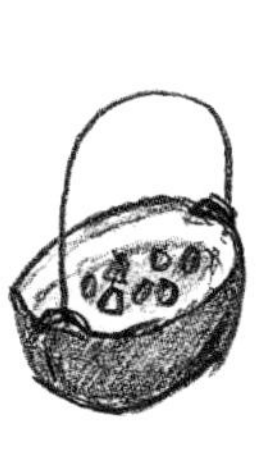

おっけ鍋

我が家では、三度の食事には必ず「おっけ」がでた。というより、「おっけ」がおかずのメインであった。麦飯におっけがあるともうそれで十分で、それに、高菜などの漬物があれば最高であった。

「おっけ」は「おみおつけ」の転訛かもしれないが、我が家のおっけは、味噌汁であったり、醤油汁であったりした。味噌があれば味噌汁に、ないときは醤油汁になった。ないことの方が多かったので、醤油汁をたくさん食べたことになる。おすましの味などという上品なものではなく、腹を膨らすための汁でもあった。

ダシはアジ雑魚四、五匹、具はイモガラやヘチマ（糸瓜）、カボチャ、フダンソウ、キャベツ、玉ネギなど、家で作っている野菜ばかりであった。

父はことのほかフダンソウが好きで、庭先の畑でよく栽培していた。フダンソウは、生長が早く、葉をもぎとっても、しばらくするとまたその横から葉が出てきて生長するので、採っても採ってもなくならない野菜であった。

おかげで、フダンソウの季節になると毎日がフダンソウの「おっけ」であった。フダンソウは和え物やおひたしにも登場したので、もううんざりであった。

「また、フダンソウな。」

とつい不満をもらしたこともあった。父は
「フダンソウは、うんめがね（おいしい）。」

と言って、ちっとも取り合ってくれないのであった。

イモガラの季節になると今度はイモガラばかりであった。イモガラよりイモを食べたいのに、いつまでもイモガラであった。

ときに、ヘチマがでるとうれしかった。ヘチマというと体を擦るヘチマ束子《たわし》を思い浮かべるが、繊維状になる前の若いヘチマを私たちは、「いとうい（糸瓜）」といって食べた。若いヘチマは、皮をむくと白い水気のないふかふかした肌をしていたが、煮ると、とろみ

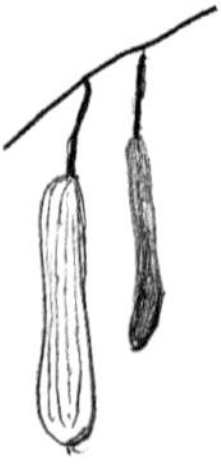

ヘチマ

のある柔らかいカンテン質のような食べ物になった。それをつるっと飲み込むときの、喉越しがなんともいえなかった。

カボチャは、おっけの具としても最高であった。甘く、腹持ちもよかった。カボチャは角切りにして煮たが、一人分の個数が割り当てられることもあった。

仕事で遅くなった兄の分として残してあるとは知らずに、おっけのカボチャを母に見つからないようにこっそりと鍋から取って食べたことがあった。ひとつ食べると、そのおいしさに、また欲しくなった、またこっそりと一つ取って食べた。兄が帰る頃には、殆ど私のおなかの中にあった。鍋には、もう二、三個のカボチャしかなかった。母から、こっぴどく叱られた。

調味料の味噌はよく自分の家で作っていた。麦、大豆、塩、麹《こうじ》が原料であった。借地の田畑で麦を作ることもあったので、その麦がそのまま原料となった。麦を蒸して味噌と混ぜて、「もろふた」に入れ、毛布などをかけて保温して二、三日寝かしておくと、だんだんと味噌の香りが漂ってくるのであった。頃を見計らって、塩をもみ込み、味噌ダルに仕込んだ。

塩の加減によって甘塩の味噌とか辛塩の味噌など、好みの味噌ができるのであるが、保存や調味料の節約ということから、塩を多く使うことが多かった。おいしく、しかも体にもよい薄塩よりも、いかに少ない量で濃い味が出せるかということが優先されたのである。

味噌ダルに仕込むとき、大根やにんじんなどの根菜類を入れて、味噌漬けも作った。味噌漬けの具をたくさん入れると味噌のうまみが漬け物の方にとられて、味噌の味が落ちるということが言われているのだが、この際漬けられるものは何でも漬けておこうという気持ちの方が強かった。

ゴボウ、ショウガ、タッワケ（マメ科の植物）のさやなどは歯ごたえもよく、美味しいものであった。それらはご飯や弁当のおかずになった。

母方の家では、醬油も作っていた。私たちは、醬油を搾る前のもろみを「しょいのみ（醬油の実）」といって、ご飯などにつけて食べていた。

母方で田植えなどがあり、父や母が加勢に行くと、お土産によくもらってきた。小さい私には、塩辛いだけでさほどおいしいと思ったことはなかったが、兄たちがご飯につけておいしいそうに食べるのを見ると、自分もなにかしらうれしくなるのであった。「しょいのみ」を両親が持って帰るのを、心待ちにするようになった。

我が家では醤油は殆ど市販のものを使っていた。それも、量り売りであった。一升瓶で買うことはなかった。空き瓶をもって店屋にいくと、大きな醤油ダルから醤油を枡で量り、漏斗《じょうご》を通して空き瓶に入れてくれた。帰り道、時々その醤油を手のひらに付けてなめることもあった。

その頃の醤油はアミノ酸醤油といって、化学的にも抽出できる醤油であった。もちろん、もろみを使った醸造醤油もあったが、我が家では確かアミノ酸醤油を使っていた。原料が何であったかしらないが、結構おいしくいただいていた。おかずがないときには、ご飯に醤油をそのままかけて食べていた。

父と二人だけの昼ご飯は、もっと簡単だった。残りおっけ（汁）をたぎらせて、そこに冷やご飯を投げ込んでかき混ぜて出来上がりであった。それを茶碗についで食べるだけの、まことに簡単な腹を満たすだけの父との昼ごはんであった。おかずも高菜の漬物くらいであった。

弁当

家計が見えた昼食時間

学校給食がまだなかった頃であったので、小・中学校とも昼食は弁当であった。ただ、小学校の二、三年生の頃には、不定期的に給食があった。コッペパン一個に、アメリカから供与を受けた、例の脱脂粉乳のミルクだけという簡素な給食であった。ミルクはアルマイト製の食器で出されたので、ミルクが熱いと、とても持ち上げることができず、机の上においたまま口を近づけて啜《すす》らなければならなかった。ミルクの代わりに、まっ黄色のクリームがでることがあった。私はそれがとても美味く感じられた。パンにつけて食べると、トロリとして甘く、大変気に入った。

クリーム給食の日が来るのを心待ちにしていたが、それこそ、クリーム給食は特別なメニューであり、三、四回あったきりで終わった。

そして、いつのまにか、給食そのものもなくなってしまった。

日の丸弁当

事前に、給食を続けるかどうかというアンケートが家庭に回ってきた。私の親は、どう書いて出したのか分からないが、給食費納入は子だくさんの家庭にはかなりの負担であった。現金収入の少ない家庭が多かったのである。

茶封筒の集金袋を学校から渡されると、親にどう言ったら金を出してもらえるのだろうかと、小さな胸を痛めるのが常であった。私の父は、納めなければならないものは食わないでも納めるというまじめな人であったが、それでも納入期日を守ることは困難であった。給食のために、食うものも食わずに給食費を納めるということは、何かおかしな話である。

給食費未納の人ということで、私はよく名前を呼ばれたり、黒板に書かれたりした。その都度、例の「忘れました」を連発しなければならなかった。しかし、いつかは納めてくれる親であったので、ある面では安心な気持ちを保つことができたのであった。

弁当の時間は、楽しい時間ではあったが、反面、苦痛の時間でもあったのである。

弁当を持って行けない子どもも少なからずいた。友達が食べている脇で、じっと本を読むか、校舎の片隅でつまらなさそうに石をけりながら、昼食の時間が過ぎるのを待つしかなかった。

おかずが貧弱で他人には見せたくないといって、弁当の蓋《ふた》で隠しながら食べる者もいた。弁当はその家の経済状況を如実に写していたのである。子どもたちはそれを敏感に感じ取りながら、気づかない振りをして黙々と食べていた。

私は、弁当を持っていくことができた幸せ者であった。しかし、弁当の中身についての苦労は多かった。親の苦労はそれ以上であったのであろうが……。

白米か麦飯か、はたまたカライモ入り飯か、弁当はご飯の色で分かった。白一色、少し灰色、ぐっと灰色、カライモで黄みがかったものなど、米と麦の割合が弁当の色となって表れていた。

我が家のご飯は、麦飯にカライモも入れていたので、母は、弁当には、カライモを取り除いてつめるよう細心の注意を払った。それでも時々、カライモが弁当に顔を覗《のぞ》かせることがあった、私は周囲を見回し、何か悪いことでもしたかのように、あわててカライモを喉に詰まらせながら飲み込むのであった。

「きょうは、卵焼きや」という友達がいると、もうそれは羨望のまなざしで見られた。

大抵の家庭の弁当のおかずは、自家製の漬物か、梅干というのが定番であったから、卵焼きを持たせることができる家は、「分限者じゃ」であった。当時、卵がなかったわけではないが、卵は病気したときなど、特別な日に食べるものであった。

卵は一個十円前後の値段であった。店屋に行くと、卵は天井から吊り下げられた、目の大きい金網で作られたかごの中に二十個ほど入っていた。それを、各家庭が一個、二個と買うのであった。今では、スーパーなどで、十個入りパックを二百円程度で売っている。大量生産が可能な養鶏場が増えたことや流通経済の発達のおかげで、卵は珍重されるものではなくなった。

それにしても貨幣価値からすると、当時の卵はとても高いものであったと言わざるをえない。いや卵の値段が何十年来上がっていないのだという主張もある。

我が家でも、卵焼きが弁当のおかずになったことがなかったわけではない。ただ、一個の卵で、四、五人分の卵焼きを作るのであったから、小麦粉やニラなどを混ぜて量を増やさなければならなかった。卵焼きというより小麦粉焼きに近かった。

友達の持ってくる卵焼きは、黄と白のコントラストも鮮やかに光沢があって、いかにも卵焼きという色をしていた。我が家の卵焼きはくすんだ色で、輝きがなかった。しかし、一応卵焼きではあったのである。

私の苦手なおかずは、「がね」であった。「がね」とはゴボウやにんじん、サツマイモなどを細長に刻んで、小麦粉でつないで油で揚げた郷土料理である。今、学校給食等で郷土料理といえば「がね」が真っ先にあげられる人気者である。おやつとして食べる分には好きであったが、弁当のおかずにはならなかった。「がね」は、漬物や佃煮のように味がはっきりせず、水気がなく、喉によくつまった。ところが、父はこの「がね」が大好物で、一週間も食べないと機嫌が悪くなるほどであった。だから、母はよく「がね」を夕食に作った。これが、あくる日の弁当のおかずになる仕組みであった。

母に、もう「がね」は弁当のおかずにしてほしくないと、何度か頼んだ。

「こんな、うんめもんを。お前は、どうかしちょっ（こんなうまいものを。お前はどうかしている）。」

と、そばで聞いていた父は私を叱るのであった。

中学校では、弁当のおかずを学校の購買部で売っていた。たまに、おかずを作るのが間に合わなかったり、材料がなかったりしたときは、母は五円か十円を子どもに持たせた。いつも「がね」や漬物で、少々飽きがきているときに、購買部で佃煮を買えることは、目先が変わってうれしいことでもあった。

購買部では、魚肉のすり身のてんぷら、昆布の佃煮、イカの千切り佃煮、かつおの角煮、福神漬け、ふりかけ、などが売られていた。五円か十円持っていくと、紙袋にほんの一つまみを入れてくれるのである。余りの少なさに、おかずの量と持ってきたご飯の量を勘案し、調整しながら、口に入れなければならなかった。必然的に塩辛いおかずを買うようになった。


どの子もそれぞれに家庭の事情を背負って学校に来、生活していた。弁当の時間はそれが顕著に現われる時間でもあった。しかし、子どもたちは貧しさやそういう不遇をバネにして、たくましく生き抜いてきたのである。

もしこ菓子（蒸し粉菓子）

親戚付き合いの極み

春の彼岸の日には「もしこ菓子」を食べるのが習慣であった。「もしこ菓子」は落雁の一種である。米の粉を蒸し、砂糖などと練り合わせ、固めて作ったお菓子で、都城地方では各家庭で作ることが多かった。

作った「もしこ菓子」は、彼岸の挨拶として親戚に配ったものである。明治生まれである父方の親族には、そういう風習を強く残しており、遠く離れた親戚からもその家で作った「もしこ菓子」を持って来た。

私の家は市の中心地域にあり、親戚は周辺部の田舎に多かったため、親戚の人は町に出る楽しみも半分あって、我が家への往来は多かった。そういう叔父や叔母が年を取ってくると、私と同年ぐらいのいとこたちが代わって来るようになった。

そのいとこたちにはご利益があった。

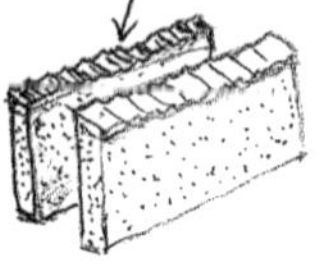

もしこ菓子

「ご苦労さんな。」と言って、母はなにがしかのお小遣いを与えていたからである。お小遣いを貰う機会の少なかった当時の子どもたちには大変うれしいことであった。一里の道も遠くなかったのである。

「もしこ菓子」を作るとなると一家総出であった。もち米を精米所で粉にし、それを蒸籠《せいろ》で蒸して、砂糖と少々の水と混ぜてこねるのである。砂糖の量やこね方によっては、出来上がった「もしこ菓子」は乾燥が進み、すぐにぱさつき、口にいれてもなじまず、妙に歯や口に粘りつくのであった。

そういう自家製の「もしこ菓子」が、何軒もの親戚から集まってくるのであった。そして、誰々の家のはうまいとか、塩が利いていないとか、食べながら次第にそれは品評会の体をなしてくるのであった。だから各家では、競争してうまい「もしこ菓子」をつくろうと努力した。笹の葉で縁取りをしたものや、黒砂糖を使ったものなど、それぞれの家庭の工夫があった。

我が家の「もしこ菓子」の特徴は、型に入れて作るいわゆる型菓子であった。家には古くから伝わった木製の型があった。型には桜の花と梅の花が彫ってあり、そこに練った米の粉を押し込み、型を裏返してもろふたの上でトントンとたたくと、桜や桃の形をした「もしこ菓子」が出てくるのであった。

簡単なようであるが、米の粉の練り具合や型への詰め具合によっては、形が崩れたり、あるいは型からなかなか出てこなかったりして、コツが分かるまでに一苦労した。ようやくコツが分かったときには、もう材料の粉がなくなっているのであった。このようなことが毎年繰り返されるのであった。

長兄は中学校を出ると大工の見習いになった。道具箱を作ったり、墨つぼも自分で作り、そこに彫刻をほどこしたりする器用さと熱心さがあった。その兄が型菓子の型作りに挑戦したことがあった。

デザインを幾つか練り、分厚い栴檀《せんだん》の板木にその彫刻を始めた。家にある桜や桃の型より幾何学的で大分凝ったものが出来上がった。さて出来上がったその型で、早速菓子を作ることになった。米粉を詰め、もろふたの上でひっくり返し、お菓子を取りだそうとするのだが、いっこうに型から菓子が出てこないのであった。何度やっても菓子は型にくっついて離れてこないのである。

滑りを良くしようと菜種油を型に塗ったり、金槌などで型を叩いたりして菓子を取り出そうと試みるが、なかなか上手くいかなかった。やっと型と菓子が離れたかと思うと、型崩れのした、何の形か判らないようなものが出てくるのであった。兄は何度かノミを使って型を修正したけれども、やはり同じであった。

お菓子がすんなりと出てくるためには、彫る角度に工夫が必要なようであったし、また余りにも小さな模様や細工を施しても、米粉のようなきめの粗い材料は形を鮮明に写し取らないようであった。ついに兄は型作りを投げてしまった。

姉たちが嫁ぎ、兄たちが県外等に働きに出ると、菓子を家で作ることはなくなってきた。もっぱら、お菓子屋に注文するようになった。それでも田舎の親戚は自家製の「もしこ」を持って、律儀に彼岸の挨拶に来られた。

我が家のお返しは、当然本職のお菓子屋が作ったもしこ菓子であった。すると、親戚から、

「きょう、お返しに貰ったもしこ菓子はてげうんめかした（とてもうまかった）。」

「作い方をいっかせって貰えんじゃろか（作り方を教えてもらえないか）。」

と言ってきた。母は苦笑しながら、事の真相を白状するしかなかった。

甘酒とこんにゃく

収穫へ感謝のほぜ祭り

稲の収穫が終わるのは、十月であった。空気が澄み、少しひんやりしたころ、あちこちの田んぼで稲刈りや脱穀の風景が見られた。秋の取り入れは家族にとって喜びのときであった。特に最終の脱穀の日には、白米のご飯を炊いて祝った。だから子どもにとってもその日は特別の日であった。

我が家では、隣接する三畝ぐらいの田んぼを借りて、もち米をつくっていた。そのもち米は、お正月用の餅、彼岸のもしこ、そして「ほぜ」の甘酒に使われた。もっとも、収穫した半分は借りている地主さんに納めるというのが小作の条件だったから、量は多くなかった。

収穫を祝う十一月三日の「ほぜ」が近くになると、各家庭では甘酒の仕込みが始

竹杓

小釜

まった。甘酒を神に供えて祀るのが、都城地方の風習であった。

甘酒作りで重要なのは麹《こうじ》であった。麹の良し悪しで甘酒の味が決まった。我が家は、今も都城にある岩満麴屋に買いに行くのが常であった。

もち米を蒸し、それを杵でつき、餅状になったところで麹と混ぜて諸味《もろみ》とした。その諸味を陶製の桶に流し込み、仕込みが終わるのである。

しかし、それからがまた一苦労であった。桶に仕込んだ諸味をかき混ぜるという作業が残っていた。早く飲みたい一心で、私は一日に何度も桶のところに行き、もろみをかき混ぜた。その都度、もう甘くなっているのではないかと、指を入れて舐めてみた。三、四日経つと諸味はだんだん練れて、甘味が増してくるのが分かった。

そして、ある朝突然、父が、

「早よ起きれ。甘酒が沸いたど。」

と子どもたちを起こすのであった。眠さを吹き飛ばす声に、囲炉裏端《いろりばた》に行くと、小さな釜に甘酒が白く湯気を立てていた。父は、甘酒を竹で作った杓《しゃく》で湯飲みについで、子どもたちに回した。そこには、家長らしい父の振る舞いがあった。

舌を火傷しそうな熱い甘酒を、ふうふう息を吹きかけながら飲んだ。もう朝飯は食わなくてもよいくらいであった。家によっては、朝飯が食べられなくなるから朝は甘酒を点てないというところもあったが、我が家ではその反対で、朝飯の節約のためにもご飯前に甘酒を沸かしたのである。

各家庭で作った甘酒は、また、親戚中に配られ、各家庭の出来具合を比べることになるのであった。仕込みが悪い甘酒は湯で溶かしても米粒がそのまま残り、甘味も少なかった。米のつき方、麹の良し悪し、諸味の練り方などの違いで味に微妙な違いがでた。幾らでも飲める甘酒もあれば、一杯でもう結構という甘酒もあった。

甘酒も残り少なくなる頃は、だんだんと酸味が加わり、すっぱくなっていった。そのすっぱさが「どぶろく」に似て、何とも言えない味がするという呑み助もいた。我が家の甘酒は、すっぱくなることはなかった。それまでに殆どを飲み尽くしていたからである。

「ほぜ」には、この甘酒と、こんにゃく（蒟蒻）が必需品であった。

「ほぜ」の前日ともなると、近くの川路蒟蒻屋には朝から大勢の者が押しかけ、こんにゃくが出来るのを待っていた。昼前になってようやく、湯気の立ったこんにゃくが出来てくると、人々は我先にと店頭に殺到した。

なぜ、この時季にこんにゃくなのか理由は分からないが、熱い甘酒で舌を火傷しないように、こんにゃくで冷やすのだという説や、こんにゃくは胃や腸をきれいにする効能があるから、年に一度、この「ほぜ」のときに食べる機会を設けた先人の知恵なのだという説などがあった。こんにゃくにきざみ生姜《しょうが》を添え、醤油をかけて食べると甘酒にぴったりであった。

田舎の親戚は、こんにゃくも自分の家で作った。農家では、庭先や茶畑などに、こんにゃく芋の長くて大きな豹柄《ひょうがら》の茎と葉がぬっと突き出ているのをよく見かけるものであった。この植物と、ふにゃふにゃした、しかも弾力性のあるこんにゃくとが、幼い私の頭の中ではどうしても結びつかなかった。こんにゃく芋は手につくと、とてもかゆくなり、作るのが大変だと父から聞いていた。

自家製のこんにゃくは「にぎりこんにゃく」とも言われ、形は美しくなかったが、こんにゃく芋を百パーセント使ったもので、舌触りがよく、味わい深いものであった。田舎の親戚からは、甘酒に添えてこのこんにゃくも持ってこられるところが多かった。我が家には大変なごちそうであった。

もち

お正月が来る!!

私の小さい頃、お正月を迎えるというか、年越しすることは、大変なことであった。

十二月になると街はなんとなく落ち着かず、いそいそとしてせわしかった。師走という言葉がぴったりであった。十二月も下旬になると、もう殺気立ったように人々は動き回った。一年を締めくくるということは、その年にした借金や不義理などをどうにかして清算し、新しい年を迎えるということであった。だから、一家の親たちは相当に苦労した。年越しできるかどうか瀬戸際にあった我が家などには、ある種の緊迫感がただよっていたのである。

しかし、親のそういう苦労とは裏腹に、子どもたちの関心は、来るべきお正月をどう楽しく過ごすかということにあった。十二月も下旬になると、自分の家はいつ

七輪で焼くもち

餅つきをするのかが子どもたちの最大の関心事であった。そのうち、隣近所から餅をつく杵《きね》の音が聞こえ始めると、もうそわそわと落ち着かなかった。

「うちはいつ餅つきがあっとじゃろかい。」

と、両親の顔色をうかがうのであった。

その頃になると両親の機嫌は何故かよくなかった。年越しをいかにするか悩んでいたのかもしれない。特に父が気難しかった。餅つきの日はズルズルと延びていった。

餅をつくには、少なくとも前日からもち米を水に浸しておかなければならない。母がいつ米を水につけるか、固唾《かたず》を呑むように見守るのであった。

「二十九日は苦のぼっ（もち）と言うて、搗っ（つく）もんじゃない。」

「じゃ、二十八日じゃろか。三十日じゃろか。」

「三十一日はあんまい（あんまり）遅し。一夜飾りは良くないと言うからな。」

子どもたちは子どもたちでひそひそと話し合った。なんとなく家中が暗かった。

父が決心したように、それも突然に、

「もつ（もちを）つくど。」

と言うと、家中が急に明るくなったように活気づくのであった。

それからは、家中総出のあわただしさになった。父は軒下においてあった重い石臼を地面に転がして、庭の真ん中に据えた。子どもたちは、カマドで薪をくべて湯を沸かす者、蒸籠《せいろ》に水に浸したもち米を入れる者、もろふたを用意する者、片栗粉をもろふたに敷く者、等など、それぞれが率先して役を担った。

もち米が蒸し終わると、母は蒸籠ごと石臼に持って行き、蒸米を臼に移した。白い湯気とともに旨そうなご飯の香りが辺りに広がった。私はその蒸しあがったもち米を食うのが好きだった。ふっくらほかほかとして、塩を少しまぶして食べるともう最高であった、私は、米が蒸しあがるごとにねだった。最初は気前よくくれていた母も、後になると言うことを聞いてくれなかった。

餅をつくのは父で、臼の周りで介添えするのは母であった。二人はよく夫婦喧嘩をしたが、餅つきのときの呼吸はなぜかぴったりであった。

つき上がると、早速もちを小さくちぎって丸めることが始まるのだが、最初の一クボ目は、鏡餅を作るのが我が家のしきたりであった。蒸籠で蒸す数のことをクボといった。家の蒸籠では一クボで約一升の米を蒸すことができた。我が家では毎年

七、八クボの餅をついた。
鏡餅は、床の間、神棚、天神さあ（菅原道真の木像を祭っていた）の三箇所に飾った。三段重ねの大きな鏡餅である。その他、勉強机、兄の大工道具箱の上などにも小さな鏡餅を飾った。

二クボ目以降は普通の丸餅にした。餅が熱いうちに丸めないとすぐに硬くなり、形を整えることができなくなるので、みんな必死に丸めた。

時には、アンコ入りの餅を作ることもあった。甘いものが不足していた時代であったので、子どもたちは喜んだ。つきたての餅はそのまま食べられることから、作るうちからアンコ餅はだんだん少なくなっていった。

また、カライモと餅を混ぜた練りくり（練った栗）をつくることもあった。私たちは「ねったぼ」と呼んで、きな粉をふりかけて食べた。カライモの甘さときな粉の風味が程よく、幾らでも食べられた。

餅つきが終わると、翌日からは、朝の目覚ましは餅になった。

「もっ（餅）が焼けたぞ。」

と父の声。眠い目をこすりながら台所に行くと、七輪の上の餅網に、醤油の香りも香ばしくたくさんの餅が焼きあがっていた。一人につき二個が朝の餅であった。もちろん食前にである。これで、また朝食が節約されるのであった。

餅といえば、私にとって、つらく悲しい出来事があった。それは今でも心の中のどこかに突き刺さっていて離れない。

高校二年生の冬の夜のことであった。その頃、家に居たのは、両親と私の三人だった。夜の九時頃であったろうか、少しおなかがすいたので餅を焼くことにした。私は七輪を用意し、餅網の上に三人分の餅六個を並べて焼いた。

そのうちのひとつが早く焼けたので、一番目は、やはり親父にやるべきだろうという思いがあった。しかし、間の悪いことに、その餅は一番小さく、しかも出来損ないのように形が悪いものであった。

一瞬ためらうものがあったが、その餅を親父に差し出した。すると突然、親父は、コタツをドンと蹴倒した。コタツの灰がもうもうと舞い上がる中で、

「親に対してなんたることか。」

と父が怒り始めた。一瞬あっけにとられたが、次の瞬間、私は、

「何を！」

と言うと、親父に飛びかかっていた。平手打ちが二、三発、私の顔を掠《かす》めた。私は親父の腕を取り、投げ飛ばそうともがいた。母が必死になって二人の間に入り込み止めた。それでその場は終わった。

私は隣の部屋の布団の上に寝転ぶと、涙が自然と湧いてきた。そして、とめどもなく涙があふれた。悔しさもあったが、どうして父に対してあのような行動をとったのか、いや、とれたのか。私はとてつもない悲しみの中に突き落とされた。

親父の日頃の言動には、私なりに批判はあった。が、親に刃向かうようなことは一度も考えたことがなかった。それが、とっさの出来事とはいえ、親父ともみ合ったのである。私の感覚ではどうしても許されない自分の行為であった。親父は六十三歳になっていた。涙がこぼれた。どうしようもない涙であった。

母が父に、

「おはんさあも、悪りかっしがな（あなたも、悪うございます）。」

という声が障子の向こうから聞こえてきた。

私は身じろぎもせず、寒い布団の上でただ涙を流し続けた。

それから、父と口をきくことがめっきり少なくなった。心では一刻も早く「お父さん」と呼びかけ、話したいのに、何かわだかまりがあった。お互いに素直になれなかった。


その年の夏、父は逝った。

突然のことであった。昼寝していた父が起きようとしたところ、ふらふらっとして倒れこみ、もがき始めた。近くにいた私が抱きかかえたが、父は立ち上がれなかった。

「起こせ、俺を起こせ。」

父は必死に叫んだが、父の体はだんだん自由がきかなくなっていった。そして畳一面に小水をこぼした。私は状況の何たるかを悟った。

「起きいがならんとやから、寝ちょっきゃん（起きられないのだから寝ておきなさい）。」と叱るように言って、父を畳の上に寝かせ、私は医者を呼びに走った。

それが父と交わした最後の言葉となった。

肉

特別なすき焼きの日と尺貫法改正

魚は我が家の食卓に時々上ったが、肉は一カ月に一、二度あったかどうか、あまり思い出せない。

今の子どもたちは、焼肉だとかステーキなどと、肉そのものを食べているが、私が焼肉などというものを食べたのは、大学を出て就職してからであった。しかも羊肉のジンギスカンであった。現在、羊肉をラムと呼んで、健康によいとか言って、少しもてはやされているが、その頃、羊肉は臭みがあるといわれて、一般には余り好まれていなかった。しかし、私にはそれなりに美味しかったのである。

私の小さい頃は、肉そのものを食べるということはめったになく、肉は何かの料理の中にちょっと入っているという感覚であった。その代表的なものが、カレーラ

うす板の上の肉　50匁

イスとすき焼きであった。

　カレーライスの肉といっても、牛とかいう肉ではなく、我が家は、スジ肉を入れることが多かった。しかも当時のカレーは、カレー粉を使ってルーを最初から家庭で作らなければならなかった。「はちカレー」という商標のとおり、本当に刺すようなカレー粉があった。子ども用に甘いカレーはなかったのである。

　だから、子どもの私にとってカレーライスは舌を刺す、ただ辛いだけのもので、容易に食べることができなかった。食べられないからといって、別の食事を用意してくれるというようなことはまずなかった。兄たちが美味しい美味しいとお代わりをする傍らで、私は残りものの味噌汁をご飯にぶっかけて、黙々と食べなければならなかった。

　我が家のすき焼きには、「特別なすき焼き」と「普通のすき焼き」が存在した。普通のすき焼きは、肉がこれまたスジ肉か「なかむん（内臓）」であった。スジ肉をダシに、野菜盛りだくさんのすき焼きを競って食べた。

「特別なすき焼き」の日は、家族全員が落ち着かなかった。特に父は朝からそわそわとして機嫌がよかった。

臨時の収入でもあったのであろう、父が、

「明日は、すき焼きをすっど（やろう）。」

と高らかに宣言して、母に、牛肉を買うように命じるのであった。

明日は、肉が食べられる、しかも牛肉だ。野菜は白菜、春菊、豆腐もある。こんにゃくもある。前日から家族のすき焼きへの期待は膨らむのであった。

今から考えると、その、特別なすき焼きでも、牛肉の量は少なく、子どもには二、三切れしか回ってこなかったのである。しかし、牛肉とはこういう匂いがするのか、こういう味がするのか、一つ一つかみしめた。

あくる朝、学校に行く道すがら、

「昨日は、すき焼きじゃった。牛肉が乳臭《くせ》かった。」

と、友達に話すのであるが、自慢話と覚《さと》られないぐらいにさりげなく、そして牛肉を少しけなして言うのがコツであった。

母と二人暮らしになっても、肉を食べることは少なかった。買ってくる肉の多くは馬肉であった。一回に買う量は、いつも五十匁（一匁＝約三・七グラム）と決まっていた。

馬肉といえば今では馬刺として食べるというのが一般的であるが、その頃は、刺身で食べることはなかった。煮て食べることが多かった。姉の家では、馬肉のステーキとして義兄の晩酌の肴《さかな》になっていた。

この馬肉買いで思い出すのは、日本の尺貫法の改正である。

私が高校生の頃であったか、それまで使っていた尺貫法が廃止されメートル法に変わった。カライモ一貫をカライモ三・七五キログラムと言わなければならなくなった。焼酎一升が一・八リットルになった。それまで五十匁の馬肉を買いにいっていた私は、今度は何グラムといえばよいのだろうかと思い悩んだ。

換算すれば簡単なわけであるが、そんなことより、何グラムといえば、聞こえが良く、スマートで、恥をかかない量になるのかということであった。そういった見栄や外聞を気にする年頃に私はなっていた。結局二百グラムということにした。百グラムでは五十匁より少なすぎる。二百グラムなら五十匁より少し多いという私なりの思慮であった。こんな小さなところにも気を使わなければならない経済状況がまだ続いていたのである。

にわとり（かしわ）

命を大切にするということ

私の小さい頃、鶏はどこの家庭でもよく飼われていた。鶏小屋がなくても縁側の床下に囲いを作り、そこに数羽の鶏を飼うこともざらにあった。薩摩造りの家は、土台石に柱を載せただけの家であったので、床下は風通しのよい空間であった。

今なら糞が臭いとか、不衛生だとかあるかもしれないが、その頃は、そんなことは余り考えもしなかったし、気にもならなかった。それは普通のことであった。我が家でも五、六羽の鶏を飼っていた。鶏の卵をとるという目的もあったが、我が家ではお正月用の鶏肉として養うことに重きがあった。

現在は、ブロイラーなど促成飼育で若鳥を肉として食べているが、その頃は、卵を産む雌鳥は卵を産まなくなるまで長く養った。肉用の雄鶏はお祝いや、客へのも

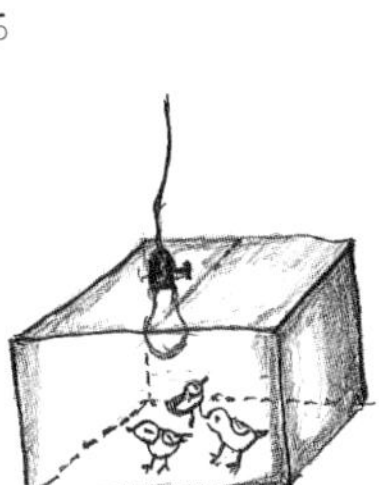

ひよこはダンボール箱に（電球で暖をとった）

てなし、そしてお正月用の料理にするため、寿命は短かったがそれでも一年か一年半は飼った。それ以上になると肉が硬くなって食べるのに適さなかった。

餌は、ハコべやキャベツ等の野草やくず野菜をきざんで、米ぬかと混ぜたものを与えた。米ぬかだけは買ったが、他のものは野原や畑で取れるものばかりで、金を極力かけないような飼い方をした。漬物屋にいらなくなった大根の葉を貰いに、両親と三人で往復二時間ばかりをかけて歩いて行ったこともあった。

鶏はひよこのときから養った。ひよこは寒い春先に買ってくるのが普通であった。正月のご馳走として料理するのに適当な養い期間になるからであった。

最初は小さなダンボールの箱で飼った。寒さで弱らないように暖めなければならなかった。電灯の熱が手ごろということで、箱の中に電灯をつるして暖を取った。しかし、我が家には当時電灯は一個しかなかった。ひよこの箱に電灯を入れると、人間は暗闇で暮らさなければならなかった。それでも、金で買ってきた大切なひよこであったから、皆、我慢をした。

そういうやりくりをして数週間もすると、ひよこは見る見るうちに大きくなって鶏らしくなるのであった。すると、今度は、床下や木で囲っただけの小さな小屋に移して飼った。

鶏を外で飼うようになると、イタチの出没や泥棒にも気を配らなければならなかった。その頃は、まだ人家近くにもイタチが出没し、金網を破ったり小さな穴から鶏小屋に入り込んだりして、鶏を襲ったのである。また、泥棒に鶏が盗まれることもまれにあった。

飼い始めて、半年もすると、もう成鳥として立派な鶏になっていた。

山々に囲まれ、海を持たない盆地の都城地方では、鶏は客をもてなす最高のごちそうであった。何かお祝いがあったり、珍しいお客が来たりすると、鶏をつぶして（料理して）もてなした。

鶏は各家庭でつぶしたものであるが、なにせ素人のこと、生きている鶏を殺すのは、おいそれとはできなかった。鶏が苦しまないように、素人なりのさまざまな工夫を凝らした。

納屋に鶏を一日中逆さつりにすることもあったが、それくらいで死ぬような鶏ではなかった。首をひねり続けるというものもあった。鶏は目を白黒にしていたが、いっこうに死ぬ気配はなかった。人間が根負けしてしまうのである。

首を出刃包丁でチョンと切り落とすというものもあった。鶏は何が起こったのかわからず、頭がないまま歩き回ったり、羽をパタパタとばたつかせ、コケコッコウと鳴く素振りを頭のない首ですることもあった。最後には死ぬのであるが、このやり方は子ども心にも、むごいという感じを持たせた。

近所にかしわ屋があった。本職の手にかかると、鶏は一瞬のうちに口から血を吐いて死んだ。

鶏が死ぬと、今度は熱い湯をかけて、羽をむしり取った。それは、子どもの仕事であった。羽を抜くと、文字通り鳥肌の姿が現れてきた。

父は鶏をこしらえるのが得意であった。近所から頼まれることもあったし、鶏の他に、ウサギなどもこしらえた。私は、こしらえの様子を見ているのが好きで、柄杓《ひしゃく》で水をかける手伝いをしながら、こしらえが終わるまでそばを離れなかった。

ササミの取り方や心臓や肝臓などの名前もそこで教えてもらった。私は、青や紫に光る桃のようなモモゲ（砂ズリ）を見るのが好きで、父がそこに包丁を入れると、中からヌカや貝殻のかけらや小石がこなれないままに出てきた。モモゲの内側の白い皮をはぐのは子どもに任された。力を入れないとなかなか取れず苦労した。最後までそばを離れなかったもう一つの理由は、最後に鶏のビンタ（頭）を貰うのが目的であった。頭は台所のカマドの火の中に入れた。しばらくすると香ばしい匂いが漂い、それに醤油をかけてかぶりついた。頭に肉はすくなく、食べにくいものであったが、いつまでも手にしてかぶりついた。

我が家のお正月料理の定番は、鶏肉の刺身と吸い物、そして骨付き鶏肉の煮つけであった。

煮付けは母の腕によるものであった。大根、にんじん、ごぼう、こんにゃくをやや大きめに切り、醤油で煮しめた。それを小鉢に入れて食べた。鶏のダシが効き、お代わりをしたくなるような美味しさがあった。

当時の人たちは生き物を大切にし、必要以外の殺生はしなかった。本当に人間は他の動植物の命をいただいて生きているということへの感謝があったように思う。だから、食べ物は何もかも無駄なく美味しくいただいていたのである。

鯉と川魚

鯉は王様

父の本職は印刷業であったが、戦争中に印刷業の統廃合があり廃業した。その後は印刷会社に工員として勤めた。その傍ら、家では養魚の真似事もしていた。母方が大きな養魚場を経営していたので、母方から稚魚を買い、肥育して、また、母方等に売るのであった。

家には五メートル四方ぐらいの池が二つあった。庭に穴を掘り、周りを板で囲った、深さ一メートルもない簡単な池であったが、池の隅に湧き水が出ていたので、一年中清水の中で魚を養うことができたのである。

その池では、真鯉、緋鯉、そしてときに金魚を養った。それらの稚魚は、母方に子どもが買いに行かされた。少しふちの欠けた陶製の花瓶を、稚魚の入れ物としてぶら下げて行った。

稚魚は酒盃で
移された

母方の家に着くと、祖父がたくさんの稚魚をバケツにいれて待っていた。稚魚は一匹一円か二円での取り引きであったような記憶がある。金魚はもう少し高かったように思う。

祖父は体長一、二センチほどの稚魚を酒盃でバケツからすくい取り、

「ひと、ひと、ひと、……ふた、ふた……み、み……」

と、一匹、二匹と数えながら我が家の入れ物に移し変えた。酒盃で稚魚をすくい取るという祖父の所作は、いかにも養魚場の親方という風格があった。

話は変わるが、祖父はたいそうな酒のみで、昼飯時から、焼酎を飲む人であった。しかも酒の肴は池の周りにめぐらした用水溝にいるメダカであった。小さな布製の網を持って、溝に泳いでいるメダカをさっとすくい、それを小鉢に入れて、酢醤油をかけるだけの簡単なものであった。祖父はそれを肴に満足そうに焼酎を飲んだ。

「メダカは、おいしいとやろうか。」

と私が母に聞くと、

「ちっともうんもね（美味しくない）。にげばっかいじゃ（苦いだけじゃ）。」

と言う。大人になったら、いつかは喰ってみようと思っていたが、まだ果たさな

いでいる。メダカが容易に見つからない時代となってしまった。

さて、容器に移しかえられた稚魚である。当時は今のように酸素ボンベがあるわけでもなく、移し終えたらすぐに家に取って返さなければならなかった。帰りは緊張の三キロであった。季節は初夏、しかも徒歩、小さな入れ物にたくさんの稚魚。水はすぐに温まり、稚魚は一斉に水面に向かってパクパクと口を開き出した。酸素不足である。途中、他所の家に寄って、新しい井戸水をもらうことも度々であった。

やっとの思いで家にたどり着くと、早速稚魚は田植えの済んだばかりの田圃《たんぼ》に放たれた。水を抜く秋口まで、この田圃で肥育するのである。

えさは特段与えなかったが、時々米ヌカを田圃にまいた。ヌカはまだ短い稲の間をぬうようにして水面に広がっていった。

稚魚を養っている田圃には、稲の害虫駆除のための薬などはかけることができなかった。そのため、田圃のあちこちには竹が立てられていた。その竹は、虫を捕食するトンボが多く来て、止まってくれるようにということであった。効果のほどは分からないが、確かにトンボはよくその竹にとまっていた。しかし、稚魚を狙うカワセミも飛んできてその竹に時々止まっていたから、一方では稚魚もたくさん食べられていたのであろう。

いよいよ秋口になって、水田から水を落とす日がやってきた。田圃の一番下の排水口を一箇所開け、そこに網を敷いて待っているのである。すると水の流れに乗って、体長十センチから二十センチぐらいに成長した鯉や金魚が下ってくるのである。中には水が引いても取り残された魚がいるので、稲の間を難渋しながら父は拾い集めなければならなかった。稚魚の歩留まりがどのくらいあったのかよく分からないが、半分くらいのものであったろうか。

集められた鯉は、半分は、母方に一匹十円くらいで引き取ってもらった。残りの半分は自分の家の池に移し替え、さらに大きくして食用にした。

我が家の池に移し替えられた鯉の養魚は一種の賭けであった。

我が家の屋敷は、道路より一メートルから一メートル五十センチも低い所にあった。その頃、南九州は台風銀座と呼ばれるくらい台風が襲来する土地であった。

雨が降ると我が家はよく浸水した。床上二、三十センチはざらにあった。そうなったときは、池は完全に水没するのであった。鯉は敏感なもので、水が池の土手を越えそうになると何かの勘が働くのか、池の中で盛んに飛び跳ねた。それは、まるで逃げるためのウォーミングアップのようであった。水位が土手を越した瞬間、鯉は一斉に外に飛び出し、溝を通って近くの川へと急行するのであった。

水が引いた後に池に残っている鯉はいないものかと捜してみても、そういう間抜けな鯉は一匹もいなかった。見事なまでの脱走である。魚の全くいなくなった池は死んだように静かであった。

「池に網を張っておけばよいのに」とアドバイスを知り合いから受けるのだが、その日暮らしの我が家に、そんな設備投資ができるはずもなかった。

大雨台風が来ない年には、池の鯉はだんだん大きくなって、三、四十センチほどに成長した。そういう鯉を時々買いに来る近隣の客があったのである。七、八十センチくらいに大きく、ことのほか立派に成長した鯉は、種鯉として母方に引き取られることもあった。

鯉をこしらえる（料理する）のは父であった。湧き水を引いた小さな溝の脇で料理した。

鯉は内臓を全部とられても水の中に入れると泳いだ。それを見て、鯉を食べると元気が出るという話は本当なんだと、子ども心に思ったものである。

鯉をこしらえる時は、半分を刺身にし、残りを鯉こくにした。しかし、家族が多かったので、刺身はほんの二切れ三切れしかわたらなかった。鯉こくは骨が多く、のどにかけないように慎重に食べなければならなかった。

私は鯉こくの鯉を食べるというよりその汁を飲むのを好んだ。味噌に生姜を少し入れて煮て、その後は葱《ねぎ》を刻んで落とすだけの簡単な汁であったが、その味は何にも勝るものであった。

一度だけ、緋鯉を食べたことがある。池で飼っていた大きな緋鯉がどうしたことか元気がなくなり、今にも浮きそうになった。売れば相当な値段もついたのだろうが仕方がない。父は、残念そうに緋鯉の料理を始めた。それまで、緋鯉を食べたことがなかったので、

「食《く》がなっとやろかい（食べることができるのであろうか）。」

と、何度も父に尋ねた。緋鯉の肉は普通の真鯉と同じであるが、色が朱かった。食べることができると父から聞かされても何か気味が悪く、このときばかりは余り箸が進まなかった。

鯉は金になったので、家で鯉を食べることは少なかった。しかし、鯉以外の他の川魚はよく食べた。父は網を持って川で魚すくいをするのが好きであった。何故かお供を連れて行くのが父のやり方であった。お供は私になることが多かった。

父は、お供の私に兵隊さんが使っていた飯盒《はんごう》を持たせた。飯盒を持ってキャンプでもするのかと疑われそうであるが、実は飯盒は、獲れた魚のうち鯉だけを生かして持って帰るための入れ物であった。獲った鯉は家の池に放ち、大きくして売ったり食用にしたりするのであった。

魚すくいの場所は、家近くを流れる川であった。年見川と大淀川との合流地点から年見川を遡《さかのぼ》って、柳川との合流地点であるカチッドン（加治木饅頭屋があったのでそう呼んでいた）のギギマっ（渦巻き）を越えると、今度は柳川を上って行った。約一時間半の行程であった。

父は網を据えると、竿で川の縁を小突き、魚を網に追いやるのであった。お供の私には、
「かしたに（川上の方に）行くな。」
「動っな（動くな）。」
と何度も注意した。お供の私は、行動をしばられ、決して楽な仕事ではなかった。

網には鯉、ハエ、フナ、ドジョウ、ナマズ、ゴモ（ハゼ科の魚）、時にはウナギも入った。獲れた魚は、鯉を除いて父の腰に下げた竹製のてご（びく）に入れた。ドジョウは食べる習慣がなかったので、たくさん獲れたが全部捨てた。

獲れた魚は、家に帰るとすぐ、わたぬきをし、鍋で煮て食べた。多く取れたときは、囲炉裏でひぼかす（乾燥する）ことがあった。特にハエは竹串にさし、囲炉裏の灰に突き立てて炭火で乾燥させた。

乾燥したものは、囲炉裏の上の天井に吊した巻きわらに突き刺して保存した。ひぼかしたハエは、砂糖醤油で甘辛く煮ると、とても旨いおかずになった。お金に困ったときには、市営市場のせりに出

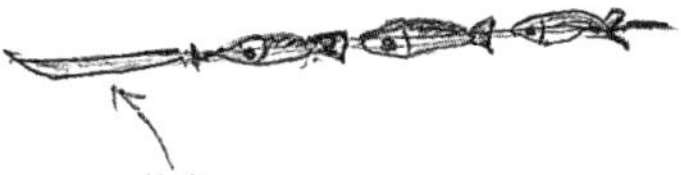

竹串

したこともあった。結構いい値段がついた。

　川魚で思い出すのは、ナマズである。梅雨時になると川や溝が増水した。夜、ナマズは産卵のために田圃の小さな溝などを上ってきた。家の池から流れる小さな溝にもナマズはよく上ってきた。それを待ち構えてワナを仕掛けるのである。

　父は竹で編んだ直径四十センチ、長さ一メートル半くらいのロケット型の仕掛けを作り、溝にしっかりと埋め込んだ。溝も小さいので、魚はその仕掛けを通らないと上流にいけないのであった。

　一夜に何匹ものナマズがワナにかかることもあった。ナマズは水に入れて生かしておくと、とろとろとした糸を引くような粘液を出した。その姿形とあいまって一見気味の悪いものであるが、ナマズの肉は白身で、味は淡白、調理の仕方ではおいしく食べられた。たくさん獲れた時は、これもハエと同様にひぼかした。ひぼかしたナマズを砂糖醤油で甘辛く煮込み、ご飯に乗せてたべると、ウナギの蒲焼に似て、いやそれ以上に香ばしい味がした。これがあのナマズかと思うばかりの旨さがある。

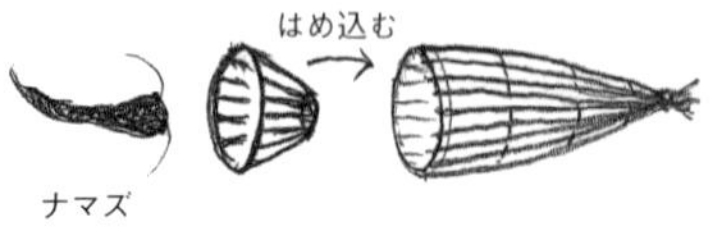

魚とりワナ

さしん（刺身）

こんな美味しいものがあったなんて

父は、鯉の刺身と鶏の刺身は食べたが、海の魚の刺身は嫌いであった。都城は海をもたないので、都城に来る海の魚は古くて中《あた》る（食中毒）という心配を父は持っていた。それで海の魚の刺身を食べるときは、必ず酢で殺させた。酢で殺した刺身はおいしくなかった。だから、家全体に海の魚の刺身を食べる習慣が根付かなかった。

いわゆる刺身を食べだしたのは、私が高校三年生のとき、父が亡くなってからである。家では、母と私の二人暮らしが始まっていた。

年も押し迫った寒いある日の夕方、魚屋に行くと、大きくて活きのよいアジがたくさん並んでいた。しかも安かった。周りの客が刺身にしてどんどん買っていくので、つられて、

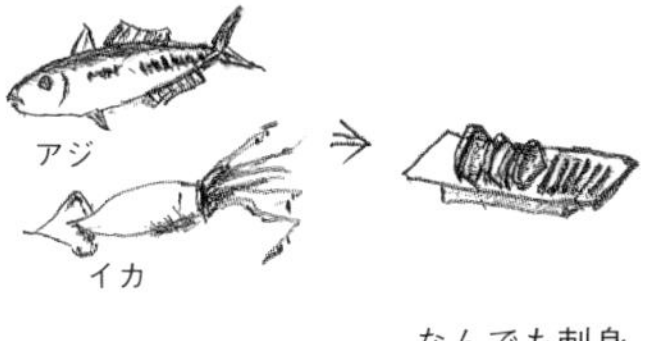

なんでも刺身

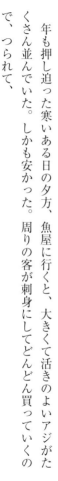

「これ刺身にしてください。」

と言ってしまった。酢で殺して食べるしかないなと思いながら、家に帰ると、母は、

「わさび醤油でたべよう。うんめど（おいしいぞ）。」

と言うではないか。初めて聞く母の言葉であった。

醤油にわさびを添えて、アジの刺身を一口噛むと、脂がじわっと口の中に広がり、そのおいしいこと、おいしいこと。夢中になって二人は刺身を食べ始めた。

「さしん（刺身）って、こげん、うんめもんな（おいしいものなのか）。」

「うん、うんめじゃろが。」

と二人の会話は弾んだ。母は刺身のうまさを知っていたのだろうが、父に遠慮していたのであろう。私は、何かだまされたような、損したような気持ちになっていた。

それからである。毎日が刺身の日となった。

これまでの損を取り戻すかのように、刺身を食べた。何がなくても刺身であった。どんな魚も刺身にしてもらった。旨かった。ブリやマグロなどの高級魚ではなかっ

たが、アジ、サバ、イカ、カツオなどの安い魚でも刺身にして食べるとおいしかった。イワシは生臭さが強く、あまり馴じめなかった。

休日のときは、昼めしからイカなどを刺身にして食べた。今なら、魚の種類や鮮度によっては刺身にしてもらうのに遠慮があるが、当時の魚屋は、余程鮮度が落ちてない限り、どんな魚も刺身にしてくれた。

刺身を食べて食べて、食べまくった。母と二人のこの刺身フィーバーが終わったのは、夏を迎える新緑の頃であった。半年間刺身を食べ続けたことになる。

牛乳

贅沢品を飲んだ幸せ者

牛乳は牛乳屋さんで売っていた。当たり前のことであるが、一般の店で売っているということは殆どなかった。それは、牛乳は飲むためのもので、今のように家庭で牛乳を使った料理を作るということはなかった。だから需要はさほど多くなかったのである。

もう一つの理由は、当時は保存技術が未熟で、牛乳は腐りやすく、冷蔵庫が必要であったからである。その頃の冷蔵庫は、氷を入れて冷やさなければならず、効率が悪く、実用品というより銅板張りの高級家具といった趣が強かったのである。

飲み物といっても、サイダーやラムネなどの炭酸飲料水ぐらいのもので種類が少なかったし、冷やして飲むといっても、水で冷やすぐらいで事足りていたのである。普通のお店では、冷蔵庫を買う必然性がなかった。だから腐りやすい牛乳は置いて

銅張りの冷蔵庫
上の棚に氷を入れた

いなかったのである。

牛乳は、新聞配達のように、牛乳配達屋が各家庭に運んでくれた。一八〇ccの牛乳ビンにつめられ、配達されるのである（後年、二〇〇cc入りになった）。大きな布製の白いバッグに牛乳ビンを何本も入れ、それを自転車の荷台の両脇に吊して各家庭に配達した。本数の多い配達屋は、自転車のハンドルの前にもバッグを吊していた。牛乳屋は、朝まだ暗いうちに配達することが多かった。牛乳ビンのガチャガチャと鳴る音が聞こえると、「今五時頃か」と朝の時刻が分かるのであった。

牛乳を飲むなんて贅沢なことで、我が家の家計ではとんでもないことであった。が、その牛乳を二年間毎朝配達してもらい、飲んだ者がいた。私であった。

小学校三年生の時、ツベルクリン反応で陽性に転化し、レントゲン検査でも好ましい結果が出ず、要注意の判定を受けた。そして、安静と栄養を取るようにという指導があった。私は五歳の頃に肺炎を患い、病院に通っていたことがあって、全体に体が細く、あまり丈夫な方ではなかった。

通知を受けた両親は心配し、栄養を摂らせるには、牛乳がいいだろうということになったらしい。早速近くのミルクプラントに牛乳購入の申し込みをしてくれた。定期購入だから一カ月毎の支払いになりそうだが、信用がなかったのか、そういう制度がなかったのか、牛乳はその日払いの現金払いであった。

前夜、牛乳の空きビンの上にお金を乗せて門の棚に置いておけば、翌朝には牛乳が配達されているというシステムであった。一八〇ccの牛乳ビン一本が十二、三円であった。

両親は毎日それを実行してくれた。しかし、どうしてもお金が工面できないこともあった。そのときは、牛乳ビンを門に出さないのであった。そうすれば、牛乳は配達されないという、まことに合理的、シビアな取引きであった。

牛乳を飲んだからかどうか分からないが、私はだんだん丈夫になっていった。おかげで五年生の時には、身体検査にも合格し、夏の臨海学校にも行かせてもらえるくらいにまで元気になっていた。親とはありがたいものである。

アイスキャンデー

兄のキャンデー売りで初めての海水浴

アイスキャンデー売りは夏の風物詩であった。

自転車やリヤカーに木製のアイスボックスを積んで、チリンチリンと振り子ベルを鳴らしながらやってきた。「○○キャンデー」と書いた赤や黄色ののぼり旗も立てていた。

アイスキャンデー屋は市内にはいくつもあった。アイスキャンデーといっても、赤や黄色の染料で色をつけた水に、砂糖やミツゲン（合成甘味料）で甘味をつけ、それに割り箸を突っ込んで製氷機で凍らしただけのものであった。しかし、味や硬さなどに店ごとの特徴があって、それぞれに贔屓《ひいき》があった。私は霧島ベーカリーの小豆入りキャンデーと荒木屋のキャンデーが好みであった。

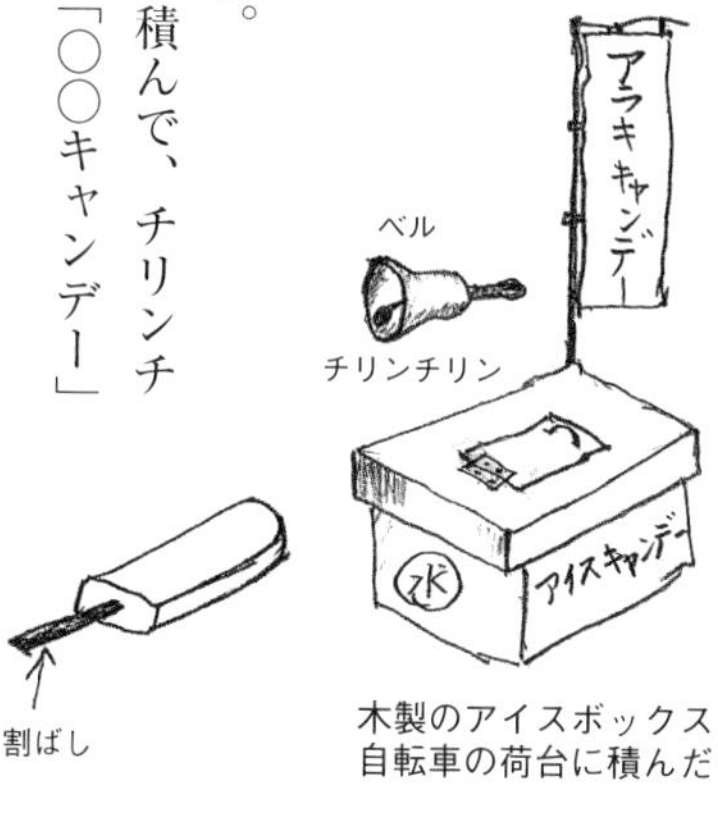

木製のアイスボックス
自転車の荷台に積んだ

私が小学校に入る頃までは、一本五円であった。少し小さい型のものもあって、一本二円くらいで売っていた記憶がある。

その頃の紙幣は二宮金次郎の一円札であったが、まだ昔の十銭や五十銭などの紙幣も使えた。姉たちにねだると、どこかの引き出しから、大楠公の描いてある紫色の紙幣や、鳩が描かれた空色の紙幣を取り出してくれた。

そのたくさんの十銭や五十銭の紙幣を手に握り締め、キャンデー売りを呼び止めると、アイスボックスから一本キャンデーを取り出してくれた。扇風機もない時代、冷たいアイスを舐められることはとてもうれしいことであった。

次兄は、中学校の夏休みに、キャンデー売りのアルバイトをした。家には自転車がなかったので、キャンデー屋の自転車を借りて売りに行くことになった。

朝、天候やイベントの有無、回る場所などを考えて、売れるキャンデーの本数を予想して親方に申告すると、アイスボックスにその本数をいれてくれるのであった。五円売りで、一本につき、親方が三円強程度取り、残りが兄の収益であった。取り分については何円何銭の駆け引きがあった。五十本売っても百円になるかならないかである。まして、売るとなるとなかなかそう簡単に売れるものではなかった。キャンデー売りをする人は、大人から兄のようなアルバイトまで、人数が多かったのである。兄は祇園さあ（祇園祭）や花火大会などの夜にも売りに出かけたことがあった。

キャンデー屋はカーバイトを焚いて明かりにした。キャンデー屋の周りには、そのアセチレンの臭いが立ち込めていた。その臭いには今でも忘れることができない懐かしさがある。

お盆には、お墓にもキャンデーを売りに行った。都城地方の盆は迎えのときも送りのときも墓は盛況そのもので、肥松《こえまつ》の火が、墓の夜空を焦がすほどであった。初盆の家などは、提灯を何十も竹竿につるし、その下でご馳走を開き、酒盛りも始まった。子どもたちにはアイスキャンデーなどが振る舞われた。

夏休みの終わりになると、兄は何百円かの収入を得た。親たちに幾らか渡し、その残りを自分のものとした。兄は何を思ったのか、なんと私を海水浴に連れていくと言い出した。

当時は志布志線が健在であった。兄と私の二人は、蒸気機関車の汽車に乗って、高松海水浴場に行くことになった。私が小学校二年生の夏であった。

私が海を見たのはそれが初めてであった。志布志に近づいて車窓から見えた海は、私が想像した海とは全く違っていた。私の海は土手に囲まれ、向こう岸が見える海であった。水平線のかなたまで土手がないのにどうして水がこぼれないのかと不思議に思った。波というものも初めての経験であった。海の水が塩辛いという発見も驚きであった。

高松海水浴場には前に小さな島があり、兄はそこまで泳いでいった。私は浅瀬で波と戯れて遊んだ。水がとても澄んでいた。夏休みの宿題にはこの海水浴の絵を描いて出した。波が描けず、バケツの水をぶっ掛けたような波になっていたのを思い出す。

汽車に乗るのは三回目であった。初めてのときもこの次兄が乗せてくれた。西都城駅からひと駅の五十市まで、約五分の旅であった。二回目は、中卒で印刷屋に勤めた長兄が、出張のついでに都城駅から高原駅までつれていってくれた。

今回の高松までの汽車の旅にはトンネルがいくつもあり、うれしくてたまらなかった。蒸気機関車の時代は、トンネルに入ると、みな窓を閉めるものであったが、私は窓を全開し、身を乗り出すようにしてトンネルに手を振り、煙を吸い込んで楽しんだ。他の乗客には迷惑この上もないことであったろうが、私の気持ちは高揚して平気であった。

五円だったキャンデーが十円になった頃、ゴムでできたボンボンに水を入れて凍らした、アイスボンボンなるものが流行りだした。

ボンボンの乳首のような突起に穴を開け、そこから溶けた汁を吸うのである。硬く凍ったボンボンはなかなか溶けず長持ちしたが、汚れた手でいつまでもこね回すことから、はなはだ衛生上はよくなかった。また、ゴムのにおいがぷんとするものがあった。

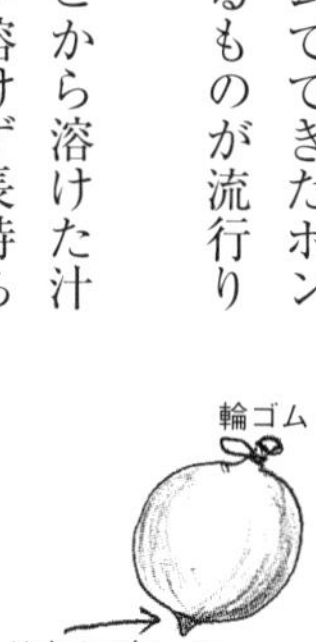

アイスボンボン

しかし、そんなことはお構いなし、子どもはアイスボンボンに群がった。皆元気であったし、少々の不衛生には免疫が出来ていたのである。

普通のアイスキャンデーよりも、もっとおいしいキャンデーが評判になった。値段も二倍であった。アイスシャーベットといった。柔らかくて食べやすく、味も上品になっていた。霧島ベーカリーのシャーベットがおいしいという評判も立った。

街のキャンデー屋には、アイスキャンデーやアイスクリーム等を店内で食べさせるところもできてきた。

ある夜、その店の前を姉と二人で通ったとき、姉が、シャーベットでも食べようかと言いだした。天にも昇るうれしさ。店に入り、シャーベット二本を注文した。頼んだシャーベットが皿に載って運ばれてきたとき、急に姉がそわそわし始めた。私がシャーベットに手を出そうとすると、

「だめ。」

と言って、意を決したかのように、店員さんのところに行った。

「すみません。お金を、忘れましたので、引き取ってください。」

と言うではないか。一瞬真っ青。そして二人は、真っ赤になりながら小走りにその店を出た。誰も見えなくなるところまで走ると、二人はほっとして照れ笑いをし、今度は大きく笑いころげた。

卵とバナナ

高嶺の花と悲しい親心

卵は病気でもしなければ食べられないぐらい貴重なものであった。時として店屋にも卵がないこともあった。そういうときは、近くの農家に直接に買いに行かされた。その農家も必ずしも専業の養鶏農家ではなかったが、馬小屋の中に鶏小屋を設け、十数羽の鶏を飼っているところが多かった。農家では、茶箪笥の引き出しに短くきざんだ稲ワラをたくさん入れ、その中に卵を保管していた。この方が、冷蔵庫に入れて保管するより日持ちがよいということであった。

卵は生きているのだから常温で保存するのがよい、というのが農家の人の話であった。茶箪笥の引き出しに保管できるくらいであるから、個数はたいして多くなかった。農家の人は、そこから一個一個大事そうに取り出しながら売ってくれるのであった。

悲しき1本のバナナ

お客が来たときにも、卵はもてなしのご馳走の役割をした。味噌汁に卵を落として出すだけで、その人をもてなしていることになった。

姉の嫁ぎ先の弟が泊まりにきたことがあった。母は卵を一個味噌汁に落として出した。私は、彼がいつその卵を食べるのか横目で見ていた。いっこうに食べないので、

「はよ(早く)、卵を食べんね。遠慮せんでもいいっじゃが。」

と言ってしまった。気になって気になって仕方がなかったのである。後で、

「自分ばかり、卵を食べるのは気が引けてね。なかなか食べられんかったとよ。」

と彼は言った。そのくらい卵に関心が集中していたのである。

失対事業の労働に出ていた母などは、疲れが極に達すると、生卵を割って醤油をかけて呑んでいた。

「疲れたときには、卵をぐっと呑めば、眼もぱっとなっ、元気が出る。」

と言うのが口癖であった。それくらい卵は霊験あらたかな食べ物であったのである。それでも、母が生卵を呑めるのは、月に一度くらいのものであった。

バナナも高嶺の花で、小学校五、六年生まで食べたことがなかった。友達が遠足

にバナナを持ってくると、うらやましかったものである。

遠足の前日は、親から二、三十円の小遣いを貰い、近所の駄菓子屋にお菓子を買いに行くのを楽しみにしていたものであったが、どうしてあんな高いものを遠足に持ってこられるのか不思議であった。

今ではバナナは安い果物の代表格であるが、当時は、一本が百円はしていたように思う。新学期、家庭訪問があると各家庭は、来ていただく先生をどうもてなすか苦労した。私の家では、一個十円程度の饅頭いくつかを茶菓子に出した。残ったものは、先生が帰られるときに紙に包んで先生にお渡しした。それくらいのもてなししかできなかった。ところがである、

「先生。うちに来るとバナナがあるからね。」

と、これ見よがしに宣言する友達もいた。

そのくらいバナナは、高価で、効果がある（?）ものと考えられていたのでる。

我が家にはバナナにまつわる悲しい話が残っている。

母は九人の子どもを生んだが、うち二人を幼くして亡くしている。どちらも、私

の姉に当たるのであるが、私の生まれる前のことである。戦争中のことでもあり、食糧難や医療事情が悪かったことが最大の原因であろうが、二人の死因は、疫痢と栄養失調であったという。

さっきまで元気に遊んでいた姉が、急にぐったりとなって、高熱を出した。病院にすぐにでも連れて行けばよかったのかもしれないが、昔はそう簡単に病院にいくものではなかった。手を尽くして冷やしても熱が下がらなかった。これはいけないと思い始め、ようやく病院に連れて行ったが、その時はもう遅かった。姉はだんだんと精気を失っていった。

胸騒ぎを覚えた母は居ても立ってもおられず、その頃とても手が出せないようなバナナを一本買ってきて、姉の手に握らせたという。しかし、もうそのとき姉は反応もなく、だらりとバナナを手に持っただけであったという。その後しばらくして姉は息を引き取った。三歳であった。

それから母は、狂ったように墓めぐりをしたという。

「こんな三歳ぐらいの子が死ぬということがあるのだろうか。」

「何で、この子を死なせてしまったのか。」

自責の念に駆られながら墓を這いずり回るようにして、他家の墓石の死亡年齢を見て回ったという。幼くして亡くなった子どもの墓石を見ると、そこで手を合わせたという。そういう子が少なからずいるということを知って、ようやく自分の心を落ち着かせることができたということであった。

母にとってバナナは何だったのだろうか。母のその時の気持ちが痛いように分かる話である。

私が小学校の六年生の頃だったか、長兄が県外の出稼ぎから仕事を終えて家に帰ってきた。そのときのお土産が、バナナであった。一房に十四、五本はついているかという立派なもので、そういうものを四房も買ってきたのである。母が、

「肝ん、ふてこっ（肝が大きいこと）。」

と言って驚いた。私は、バナナの匂いにつられて、一本もぎると口の中に押し込んだ。柔らかく滑らかな感触が口の中に広がった。続けて、二本目に手がいった。そのとき初めてバナナというものを堪能したのであった。

西瓜・砂糖きび・とうもろこし

父の愛情が育てた甘いもの

父は、家の周りの庭に子どもの喜びそうな作物を作るのが好きであった。というより、子どもの喜ぶ姿を見るのが好きだったのである。

西瓜は、家の前の庭にツルを這わせた。花が咲き、その花の根元に小さな実が出てくると、子どもたちはそれが早く大きくなるのを楽しみに待った。ところが雨が多かったりすると、その実はいつの間にか黒く腐れてしまうのであった。こういう生長しない実がたくさんあった。

そして、ある日、突然、ツルの中に少し大きくなった西瓜の子どもを発見するのであった。いつの間にこんなに生長していたのかと驚かされるのであった。それから、周囲を注意深く捜してみると、五、六個の西瓜の子どもがツルの下に隠れているのが見つけられた。私は大きな声で、

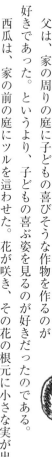

「お父さん、ここに西瓜がなっちょっど（なっているよ）。あすこにも、ここにも。」と父に報告するのであった。父はとっくの昔に気付いていたような返事をしながら、いそいそと麦わらや稲わらをその西瓜の下に敷くのであった。

西瓜の実がだんだん大きくなって、ツルの上に顔を出すようになると、父の神経が尖ってきた。我が家の庭は、道路から一メートルほど低いところにあったから、西瓜の存在が道路からはっきりと見えた。季節は夏、隣の市営プールには子どもたちが毎日、大勢押しかけていた。子どもたちは目ざとく西瓜を発見するのであった。

発見するだけならいいのだが、子どもたちの好奇心はだんだん別な方向に進んでいくのであった。一番多いのは、西瓜に石を投げてみたくなるというものであった。その頃の道路は砂利石で敷き詰められていたので、投げる小石は豊富であった。我が家の西瓜は、その小石でキズだらけになることが多かった。太目の石が当たると、時には熟れた西瓜がざっくりと割れることもあった。

父は、そういう子どもたちのいたずらを監視し、叱責を加えるのであった。追いかけられた子どももいたし、親を伴って謝りに来る子もいた。おかげで、父は、「やかましいおじさん」で近所の子どもたちには通っていた。

そういう困難を潜り抜けて大きく実った西瓜は、ある日突然、父の手でもがれるのであった。しかも子どもの私たちには分からないように。

父は、西瓜をちぎると、冷やすために井戸の中に「どぼーん」と、今度は子どもたちに分かるように放り投げるのであった。その「どぼーん」を聞いて、子どもたちは色めき立つ。そのような子どもたちの様子を見て、父は悦に入るのであった。

「何時頃に、西瓜を食《く》がなっどかい（食べられるか）。」

「西瓜は、熟れちょっどかい（熟れているだろうか）。」

などと言いながら、食べることを今や遅しと待つのであった。

浅い我が家の井戸の水は、冷たいものではなかったし、まして、一日中夏の陽射しを浴びた西瓜が、おいそれと冷えるわけではなかった。それでも、子どもたちは、早く食べたいと親にねだった。

根負けしたように母が包丁とまな板を用意すると、子どもたちは、母の周りを取り囲み、母の手元を固唾《かたず》をのんで見守った。母が包丁を西瓜に入れると、「黄西瓜や」とか、「赤西瓜や」とか、「熟れている」「熟れていない」などと、西瓜のできばえを子どもたちはささやきあった。

我が家の西瓜のできばえは、いつも余りよくなかった。我が家の作物の収穫はいつも早いのであった。大きくなるまで、完熟するまで待てないという家の事情がそうさせたのであった。そして食べる西瓜はいつも温もっていた。冷やす時間がいつも足りなかったからである。

子どもの数が多いときは、西瓜は一人分ずつ割り当てられたが、子どもの数が少ないときはある程度自由に食べることができた。すると、西瓜の争奪戦が繰り広げられた。私などは、種も出さずに西瓜に喰らいついた。できるだけ速く自分の腹の中に納めなければ、兄たちのものになってしまうのであった。種を出さない食べ方は習い性になったのか、大人になった今日でも、私は種を出して食べたことがない。種を出すのがどうももどかしいのである。

兄たちは、西瓜の青い皮の部分を残すのみというところまで食べた。赤い部分が無くなり、白い部分にはとうに甘味もなくなっているのだが、とにかく食べられるところまで噛み進み、最後の青い表皮に達するところで終わるのであった。

こういうことであったから、他人の家で西瓜を出されたとき、どこまで食べればよいのか困った。他人の前では、さすがに、青い皮のところまで食べることはできなかった。赤い果肉が少し白い皮に残っているところで止めることにした。まだ十分に食べられるのにという思いのところで止めるのは、なんとも惜しく、心残りであった。

西瓜の出来がよく、皮が立派なとき、我が家では皮目の白い部分は残しておけという命令が下った。西瓜の白い部分を漬物にするためであった。白い部分を一口大に切り、それに塩をふりかけ、重石を乗せて一晩漬けるだけの簡単なものであるが、これがまた美味しいものであった。適当に塩で萎《しお》れ、噛めばこりこりと歯ごたえがあった。塩と西瓜の甘味が微妙に混じりあい、朝飯の格好なおかずとなった。こうして、我が家の西瓜は捨てるところもなく、十分に食べ尽くされたのであった。

ある年、父は西瓜のツルを地に這わせるのではなく、竹で棚を作ってそこに這わせたことがあった。そういう発想が珍しかったのか、農業試験場から見学者もきた。しかし、この試みは完全な失敗であった。まず、相当な重さになる西瓜の実を、空中でどう支えるのかが大きな課題であった。父はワラでハンモックのようなものを作り、そこに西瓜を載せたが、西瓜を支えるには不十分であった。そして、そういうワラのハンモックに支えられた西瓜は日当たりが悪くなり、大きくなる前に悉《ことごと》く腐って落ちてしまった。

同じツル性の植物でも、竹や木に巻きつくような性質を持ったゼンマイ状のツルを持たない西瓜のツルを木に這わすこと自体無理なことであったのであるが、父にはこういう面白さがあった。

父が植えてくれた子どものための作物に、とうもろこしと砂糖きびがあった。とうもろこしは、庭のへりに沿って、一列に塀のように植えられた。とうもろこしは石ころの多いような土にも元気に育った。しかし、やはり肥料の足りない場所のとうもろこしは、実の入りが悪かった。

とうもろこしを私たちは「ときっの嫁じょ」(とうきびの嫁女)と呼んでいた。「ときっの嫁じょ」を幹からもぐ手ごたえが、今でも感触として残っている。そして、皮をき、とうもろこしの金色の粒が隙間無くついているのを見ると、収穫の喜びが一層高まるのであった。

とうもろこしは煮たり焼いたりして食べたが、父は焼き一本であった。七輪に火を起こし、その上にとうもろこしを置いた。ぱちぱちと、実がはじける音がした。焼きあがると、それに醤油をかけて、また焼いた。醤油の焼ける香ばしい匂いが辺り一面に広がった。夏の三時のおやつであった。

砂糖きびは、よく畑の一角に植えられた。最近はその頃の砂糖きびの種類を殆ど見ない。私たちが食していた砂糖きびには二種類あった。それは穂の形で私たちが勝手に分けたもので、茶色の穂が固まったようにして出るものを「だごさときっ」、穂が白くばらばらんになっているものを「ばらさときっ」と呼んだ。だごさときっの方が味が濃く、私の好みであった。

砂糖きびを節ごとに切って、歯で皮をくと、繊維質の白い芯身が出てきた。それを割って噛むと、甘い砂糖汁が口の中に広がった。十分にかみしめてもう水分が出てこなくなると、繊維のかすを吐き出した。

砂糖きびを噛むのに怪我は付き物であった。皮が鋭い刃のようになって剝《む》かれたので、うっかり手を滑らそうものなら、指が切れて血がふきだした。そういう危険にもめげず、子どもたちは砂糖きびを欲しがった。甘い物が少ない時代であったのである。

店屋には高級な砂糖きびが売っていた。それを私たちは「台湾さときっ」と呼んでいた。それを買ってまで、食べることはなかった。というより、金がなかったのが現実である。

運動会などで、その「台湾さときっ」を友達から一節二節貰うことがあって食べてみると、皮がとても硬く、歯ではなかなか剝きにくいものであった。しかし、甘味の方は、私たちが食べている砂糖きびとは格段の差があり、甘かった。その汁が手に付くと、べたべたとして引っ付き、甘味の強さを証明していた。

砂糖きびがなくなってしまうと、もう甘い物がないに等しかった。甘い物が欲しくなると、とうもろこしの幹をさとうきびのように食べることもあった。「ときっの嫁じょ」はもうとっくの昔に取り、幹だけが残っているのを鎌で刈って食べた。とうきびの幹の皮もなかなか剝きにくいものであった。剝いても中の芯は水分の少ないふかふかした繊維質で、噛んでも殆ど汁が出てこなかった。微かに甘さを感じる程度であった。これもなくなると、野原に行って萱《かや》の根を取って噛んだ。小さな根からほんとにほんとに微かな甘味が舌先に感じられた。

きんかん・水蜜桃・ぶどう・柿

父が育てた我が家の「なりものの木」

これらは我が家で父が育てていた「なりものの木」である。

父はやかましいくせに、妙に子どもたちを喜ばせることが好きであった。きんかんもその一つであった。庭の真ん中に、大きく枝を繁らせているきんかんの木があった。毎年たくさんの黄色い実をつけた。実はやや小ぶりで酸味も強かったが、子どもたちは喜んで食べた。といって、子どもたちが勝手にちぎって食べるということは許されなかった。

もういい頃なのにと、子どもたちが待ち遠しい目できんかんを眺める日が幾日か続いた後、父は子どもたちの意表をつくように、突然、きんかんをちぎり始めるのであった。子どもの目が喜びに変わるのを楽しむかのようにちぎって、分け与えるのが常であった。

きんかん釣り

正月になると父はきんかんを一升枡に入れ、子どもたちに糸のついた縫い針を持ってこさせて、きんかん釣りをさせるのを楽しみにしていた。吊り上げたきんかんは自分の物として食べることができるのであった。

一番小さい私は針を投げてもきんかんになかなか突き刺さらず、刺さっても糸を引き上げようとするとすぐに抜け落ちて、ひとつも釣ることができなかった。次第に泣けてきて、ついには大声で泣いてしまうのであった。皆はシラケてしまって、大体そこできんかん釣りは終わるのであった。

我が家の水蜜桃は普通の花桃を若干大きくしたぐらいのもので、甘味も淡白であったが、虫はよくついた。父は、一つ一つに紙袋をかぶせていたが、父の紙袋は実全体を覆うような袋ではなく、下の方が開いていた。桃の実の生長はよく見えたが、本当に虫は入ってこないのか心配であった。

「虫は下に向かって行くことはない。だから虫が入ることはない。」

というのが父の持論であった。実際には虫の入っている実も多かったのであるが、その方式を変えようとしないのが父であった。頑固というしかない。

ぶどうは池の上に棚を造り、そこにつるを這わせてあった。収穫するときは池の中に入らなければならないのだが、それを厭《いと》わないのがまた父であった。

白ぶどうと赤ぶどうがあり、白ぶどうは酸味が強く、私は赤ぶどうの方が好きだった。ちぎるのはやはり父の専業であった。

小さなザルでちぎりたてのぶどうの房が子どもたちにだされると、子どもたちの戦争が始まった。ぶどうをちぎっては飲み、ちぎっては飲みしなければ、自分の分が少なくなるからであった。ぶどうは食べるのではなく飲み込むものであった。ぶどうを口に持っていき、皮をぐいと押すと中身が甘い汁とともに、つるりと口の中にはいり、それをそのまま飲み込むのである。種はもちろん出さない。

これで、人の何倍か速く、たくさん食べることができるのであった。というより、種を取り出すと、どうしてもぶどうの酸味が出てくるもので、我が家のさして甘くないぶどうは、種を出すと、とても酸っぱく、幾らも食べられないのであった。種を出さずに飲み込むという食べ方は、我が家のぶどうの必然から生まれてきたものでもあった。しかし、内情は、人より速く食べなくてはいけない生存競争の原理が我が家には働いていたのも事実であった。

柿は富有柿であった。木は小ぶりで、飛び上がるとちぎることができるぐらいの高さであった。

「今年はたくさんなったなあ」と思っていると、台風がよく来て、青いうちに落ちてしまうのが柿の宿命であった。

父はそういう落ちた柿も無駄にしなかった。子どもにその落ちた柿を拾い集めさせ、大きなセメント造りのタンクに入れ、ふたをして貯蔵するのである。数週間置いて、ふたを開けると、異様な匂いとともに柿は茶色の汁を出して腐れたようになっていた。父は、柿から渋をとるのだと言う。

茶色の汁が渋で、この渋の中に魚とりの網をつけると、網の繊維が丈夫になるということであった。

そういえば、父は魚とりの網も自分で編む器用人であった。白い糸で作った網を柿の渋に浸け込むと、赤茶けた色に変色し、確かに強くなっているのが分かった。

昔の子どもは柿をよく食べた。ほかに何も食べるものがなかったからでもあろうが、まだ青く渋いとは分かっていても嚙み付きたくなるのが柿であった。口に入れたとたん、口の中に渋がべっとりとくっつき、気持ちのいいものではなかったが、そういうことにもめげないのが当時の子どもたちであった。

夏にはもう、小さく青い盆柿が駄菓子屋の店先に並んだ。種ばかりで食べるところは少なかったが、それでも買って食べた。

十月の運動会には、渋柿の渋を抜いた「あおし柿」がたくさん出回った。都城地方では、甘柿より渋柿のほうが多く、「あおし柿」にしてよく食べた。

我が家では、渋柿は干し柿にして食べることもあったが、天候の加減か、黴《かび》がつき、腐りやすかった。晩秋、柿の木にまだ残っている真っ赤に熟した渋柿を、地面に落ちないように用心しながらとって食べるのも美味しいものであった。皮もむかず口をつけて柿を吸うように食べると、中から、冷たく甘い汁とつるりとした果肉に包まれた種が出てきて、歯にしみわたった。

柿の木はゴルフクラブのウッドの材に適しているとかで伐採が進み、特に渋柿の木が少なくなってしまった。秋の日に照り輝くたわわに実った赤い柿の実は、何故か大いに郷愁を誘うものがある。

雪、氷、かんころ

冬ならではの食べ物

湯のみに塩水

盆地の冬は寒かった。小さい頃の寒さは、今の寒さとは比べようもないくらい寒かった。夜になると、空気が深々と冷え、家の中にいても体温が奪われていくのを感じることができた。

都城地方では、雪は少なかったが、それでも子どもの頃は大雪が積もることがあった。雪の晩は、辺りの音が雪に吸い込まれるのか、深々として全てのものが静かに雪の中に立ち尽くしているようであった。聞こえるはずもない雪の降る音が聞こえるような静けさであった。ときおり、家の前の竹山のほうから「どさっ」という音がした。竹に降り積もった雪が落ちる音であった。

雪がもっと降り注ぐと、竹は雪の重みにぐっと体を折り曲げられながらも耐えているのであった。しかし、その重みに耐えかねた竹は、ばりばりと音を立てながら折れるのであった。その音を寝床で聞きながら、雪の多さを推し量るのであった。

あくる朝は、あたり一面雪景色であった。いつもは気づかないところにも雪が積もっていて、改めてそこにこんな物があったのかと気づかされることも多かった。
四、五歳の頃、身体の弱かった私は、そういう雪の日はコタツに入って障子の隙間から外の景色を眺めるばかりであった。すると、兄たちが飯茶碗に外のバンコ（長椅子）に積もった雪の上澄みをかき集め、雪ご飯として持って来てくれるのであった。寒いのにそんな冷たい物を食べる気色は私にはなかったのだが、兄たちの好意を無駄にはできず、さじですくってひとくち口に入れた。
「けむいくせー（煙くさい）。」

が私の第一声であった。

雪は美味しいものではなかった。雪は妙にぱさつき、なにか煙にまぶされたような口を刺すものであった。父が雪の上に白砂糖を少しのっけてくれたので、二、三口は食べたもののそれ以上食べる気分にはならなかった。カキ氷とは似て非なるものであった。

こういう寒い中に、子どもたちはなおも何か食べる物はないかと工夫した。それは氷であった。今晩は冷えるなという気配を感じると、兄たちは、湯飲み茶碗に塩水を入れ、それを家の外に置いた。すると、あくる朝には塩水が氷になっていた。現在のような温かさでは、氷もめったに張らないし、張ったとしても水の表面に薄く張るくらいであるが、当時の寒は余程強かったらしく、茶碗の水全体が凍ってしまうのであった。その氷を兄たちは食べるのである。

ところが、茶碗と氷がくっついてなかなか離れず、氷を食べるのに苦労した。そこで、前の晩に茶碗を置くときに塩水の中に糸をたらして置くのであった。すると、塩水がぎっしりと凍っても、その糸を引っ張れば氷が外れるという思惑であった。しかし、実際にはなかなか思うようにはいかず、結局、茶碗の周りが温まらなければ氷は取れなかった。

寒いときの楽しみに、「かんころいも」を作ることがあった。煮たカライモを、適当な薄さに切り、それを寒にさらすのである。するとカライモは紫色に変色し、透明感がでてくるのであった。寒にうたせたカライモは少し硬くなり甘味を増し、日持ちがした。

兄たちは、前日の夕食などに出たカライモを残し、薄く切って屋根の上に置いて「かんころ」を作った。一晩くらいではどうにもならなかったが、兄たちは毎日少しずつかじりながら甘くなるのを我慢して待つのであった。

冬の我が家の食べ物で記憶が強いのは、「乾燥にがごり」の味噌炒めであった。「にがごり」は「にがうり」とか、最近では「ゴーヤ」の名前で売り出されているが、私たちは「にがごい」と言っていた。

父は、このにがごりが好きで、家の庭先に棚を作ってたくさん作っていた。最盛期を迎えると、収穫が間に合わないくらいたくさん出来た。なすびと一緒に味噌煮にしたり、焼いたり、酢の物にしたりして料理をするのだが、食べきらない。

そこで父は、余ったにがごりを薄く輪切りにして天日で乾燥させるのであった。それが秋から以降のにがごり料理の材料になった。乾燥したにがごりを水で戻し、とうふと味噌を混ぜ、醤油で炒めるのが父の自慢の料理であった。子どもの私には余り美味しくない迷惑な料理であったが、成長するにつれ、それが美味しく感じられようになっていったのだから、不思議なものである。

父は、カライモも薄く輪切りにして乾燥させ、「カライモのコッパ（木っ端）」を作り、それを砕いて粉にして、カライモ団子にして食べさせてくれたりもした。真っ黒で、決して美味しい物ではなかったが、腹の足しになったのである。

父は、余った物を塩漬けにしたり、乾燥させたりして保存食を作り、食べ物をひとつも無駄にしない先人の知恵を知っていた。ある面では貧乏性であった。だから、いつまでもこのような貧乏生活から抜けきらないところもあった。貧乏生活の中に自分の知恵を生かす楽しみを見出していたのかも知れない。

こせんの粉・茶巾しぼい

ひもじさをいやす工夫

「はったい」あるいは「麦こがし」とも言うが、我が家では「こせんの粉」と言っていた。どういう字を当てるのか分からない。作り方はいたって簡単で、麦の実を炒って、それを石臼で引き粉にして、砂糖や塩を少し入れて味付けをしたものである。榊《さかき》などの広葉樹の葉ですくってそのまま食べた。恐ろしくのどにくっつきやすく、お湯にといて食べることもあった。

学校から帰ってきても、家にはおやつといえるものは何もなかった。まず、はがま（飯釜）を覗《のぞ》いてご飯が残っていればもうけもの。次は鍋のふたを開け、味噌汁のかぼちゃのかけらでもあればもう最高であった。家中どこを探しても口に入れるものがないことが多かった。

皆、腹が減っていた。何かないか、何かないかと探した挙句、麦の実でも見つか

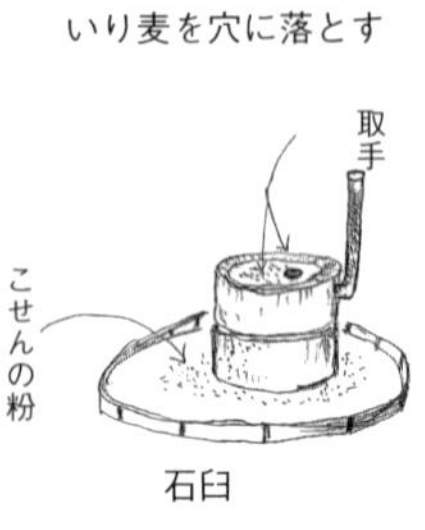

ると、兄たちは大喜びでこせんの粉作りに取りかかった。家には幸い石臼があった。炒った麦を石臼の穴に少しずつ落としながら石臼を手で回していくと、香ばしい香りとともに麦の粉が、石臼の間からはらはらと落ちてくるのであった。唾を飲み込みながらじっとその粉を見ていた。早く食べたい私は石臼の取っ手に手を添えて、ときどき回すのを手伝うのであった。

砂糖があればよいのだが、なければ少々の塩や人工甘味料（ミツゲンというものがあった）を入れた。食べてみればこせんの粉はそれほど美味しいものではなく、口をいやす程度のおやつであった。しかし、作って食べるという期待感と、それが出来上がったときの満足感が空腹感を満たしてくれるのであった。

二番目の兄は、おやつ作りの名人であった。兄は皆から、「根がいやしんごろ（食いしん坊）」と言われてはいたが、兄の作るものには、工夫があり、味がよかった。

カライモを茹《ゆ》で、それをつぶし、布巾に包んで絞って作る「茶巾しぼい」は殊においしかった。普通のカライモに赤カライモを混ぜて絞ると、見事な模様が現れて、味も一層引き立てられるのであった。今でもあの味と形を忘れることはない。

長兄は中学校の頃、今でいう部活動の「科学班」に属していた。そこでは、電気パン焼き器なるものを作ることが流行っていた。木で四角い箱を作り、向かい合わせの縁の内側にブリキの板を張り、その二枚の板に電極をつないだだけのいたって簡単な構造であった。その電極の間にメリケン粉（小麦粉）を水で溶いたものを流し込み電気を流すと、パンができるというものであった。

今ならそのパン焼き器は簡単にできそうであるが、その当時は、コードはない、ソケットもない、家にコンセントがない、まさにないないづくしであった。だから部品を調達するのが一仕事であった。ソケットやコンセントがない者は、結局家の電灯線とコードを直結して電気を得ようとした。危険この上もないことであるが、パンが食べられるという誘惑には勝てなかったのである。案の定、あちこちで「電気に吸い付かれた（感電した）」という者がでてきた。

私は、焼き器で焼いたそのパンを、兄の科学班で食べたことがある。パンというよりふかしたお菓子というようなものであった。しかし、それなりに美味しかったことをおぼえている。

何もない時代には、おやつは親から貰うものではなく、自分たちで見つけるもの、作るものであった。

イナゴ

技ありのイナゴ獲り名人

イナゴを食べ物の中に入れるなんて変だと思われるかも知れないが、イナゴは食べられていたのである。

我が家の前は広々とした田圃が広がっていた。田圃には、今のように農薬散布がまだなかったから、いろいろな生き物がたくさんいた。その中でも、代表的なものがイナゴであった。

私たちは、炭酸飲料水のサイダーなどの空きビンを持って、イナゴ獲りによく行った。

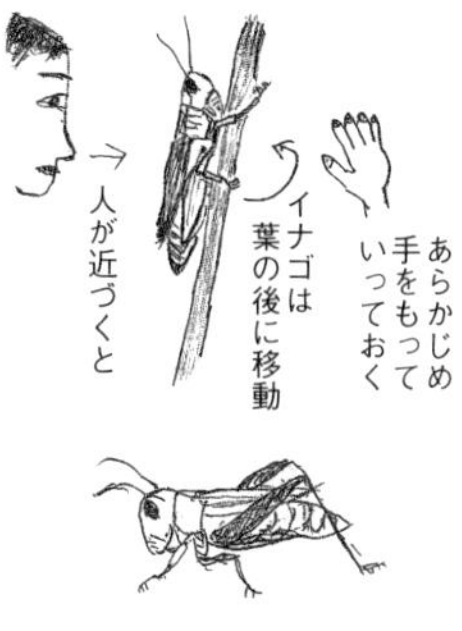
あらかじめ手をもっていっておく
イナゴは葉の後に移動
人が近づくと

稲の葉にいるイナゴは、人の気配を感じると、するするっとすばやい身のかわしで稲の葉の裏側に隠れ、そして後ろ足をしっかりと葉に固定し、いつでも飛び立つことができるよう準備をするのであった。

だから、手を正面から持っていくとイナゴは待ってましたとばかりに逃げてしまうのである。イナゴを捕まえるには、顔は正面から近づけるが、手はすばやく葉の裏のほうに伸ばしておくことであった。人の気配で、イナゴが葉の裏に移動したところを、待ち構えていた手でさっと掴《つか》むのである。

私は百発百中の腕前であった。

「お前さんの行動は先刻見通しだ。イナゴよ、俺様の方が数倍は偉いんだぞ。」

というような得意げな気持ちがあった。

イナゴは捕らえられると、紫色の汁を口から吐いた。少し青臭いものであったが、そんなことは平気の平左、かまわずサイダービンに投げ入れた。しばらくするとビンはイナゴで一杯になった。

家に帰ると、飼っている鶏にも食べさせたが、何匹かは、かまどや風呂のたき口に持って行き、イナゴを火の中に入れた。羽の焼ける匂いがしてイナゴ全体が黒くなり始めたところで、火箸で取り出し、醤油をつけて食べた。香ばしく、口を満たすのに十分であった。

イナゴは食べたが、バッタは食べなかった。トノサマバッタくらいの大きさになると、もう食べる気色がしなかった。

小学二年生のときだったか、秋も深まった頃、学校をあげてイナゴ捕りに行ったことがあった。東小学校の前は東岳のふもとまで続く広々した見渡す限りのナカンゴウ（中郷）の田圃であった。その時は、もう殆ど田圃の稲の穫り入れが済んでいた。私たちは赤い秋の日差しに照らされながら、田圃の中やあぜ道をサイダービンを持って、イナゴ獲りに駆けずり回った。

もうこの時期のイナゴは瑞々しい黄緑色ではなく、茶色がかっているものが多かった。稲がなかったので、畦の草むらなどを探すしかなかった。イナゴの数は少なくなってはいたが、それでもサイダービンの半分くらいは捕ることができた。

私たち子どもは、

「イナゴを獲って、何にしゃっとじゃろかい。」

「佃煮の店屋に売いやっとじゃげな。」

などとささやき、噂した。

学校に帰ると、全校の子どもたちが捕ったイナゴが集められた。一人ひとりの収穫は少なかったが、集まってみると、アメリカから送られた脱脂粉乳の丸い段ボール箱いっぱいのイナゴになっていた。

何に使われたのかは記憶にないが、多分、どこかに売られ、学校の何かの備品や教材になったのであろう。

お茶

我が家はおじさんたちの休憩所

我が家ほどお茶の好きな家族はいない。その血筋を受け継いでか、私の娘三人はお茶が大好きで、レストランなどに行っても、水よりお茶を所望するから面白いものである。

父は、十時と昼、そして三時には必ずお茶を入れた。お客がいようといないとにかかわらず、それが毎日の日課であった。もちろんお茶は番茶であった。茶請けは、大根葉か高菜の漬物などであった。

そういう質素なお茶の時間であったが、その時間帯になると、近所のおじさんたちが我が家によく集まった。

我が家の縁側はそういう人たちの腰掛ける場所であった。父はすぐお茶を出してもてなした。そして、ひととき話に花をさかせるのであった。近所のおじさんたち

は、自分の都合を見計らって来たり帰ったりするのだが、父は最初から最後の一人まで付き合った。十四、五分のときもあれば、話に興が乗ると一、二時間のこともあった。

私は、そういうおじさんたちと父の会話に耳を傾けるのが好きであった。天気や農作物の出来具合の話にはじまり、兵隊として戦争に行った頃の話、選挙や政治の話など、話題には事欠かなかった。

それぞれの体験を面白おかしく話されることの中には、含蓄のある話もたくさんあった。私は一人の聞き手として縁側の端に存在していたのであるが、私のような子どもでも、聞き手がいるということは、おじさんたちも話に調子が出るようであった。

父の不思議は、物売りの人が来てもお茶を出すということであった。定時のお茶を沸かす時間以外でも、そそくさとお湯を沸かしに立ち上がった。お湯は七輪で沸かしていたので、結構時間がかかるのであるが、それまで、ゆっくりと話を楽しんでいた。

当時は、物売りの人が多かった。リヤカーや荷車（大八車）にスイカやウリなどの農作物を積んで売りにきた。とてつもなく遠い田舎から売りに来る人も少なくなかった。

「どっから、来やしたか（どこから来られましたか）。」

から会話が始まった。そして、

「あそこの、誰々さんは今何をしておいやっどかい（おられるか）。」

などと、途方もなく遠い地域の人のことや話題について話し出すのであった。

今は、近所の人でも見知らぬことが多いが、その頃は、遠方づきあいも結構あって、今より、人間関係は広く深かったのかもしれない。

我が家は、その物売りの持ってきた物は余り買わなかったが、話や今で言う情報をたくさん貰っていたのである。物売りの方も心得たもので、私の家は丁度よい休憩場所であったのである。

学校から帰ると、そういう人たちが家で、お茶を飲みながら話をしていることが多かった。いろんな職種の人がいて、ある面では油断できなかった。

「ただいま」「こんにちは」がすぐ言えるときと、そうでないときがあった。客が帰られたあと、何できちんと挨拶をせんのか、恥ずかしいではないか、などと父に小言を貰うこともあった。

挨拶がスムーズにできなかった人というのは、後から聞くと、どこかのお偉いさんであることが多かった。何か私の言動を見透かしたような、あるいは、挨拶されるのを待っているような雰囲気が感じられたものであった。逆に、挨拶しやすかった人は、「おかえり」という言葉を先に言ってくれそうな雰囲気を漂わせている人たちであった。

住まいの物
暮らしの物

我が家は、約百坪の敷地に十二、三坪の小さな木造の平屋であった。

父がどこかの古家を買い、その古材を使ってこの地に家を建てたものであった。柱などは一本として同じ規格の物がなく、継《つ》ぎ接《は》ぎが目立っていた。昭和の初め、百五十円で建てたという。

八畳・四畳半・三畳の部屋に、土間の台所がついていた。全ての部屋は障子で仕切られていた。風呂もなく、便所は家の外に出て用を足さなければならなかった。

電灯

明かりの下での団欒と葛藤

我が家には電灯が一灯しかなかった。それは四畳半の部屋の真ん中に取り付けてあった。天井板がなかったので、むき出しの黒い柱から六〇ワットの電球がぶら下がっていた。

夜になると、全員がこの電灯の下に集まった。父は新聞を見、母はこの下で裁縫をした。子どもたちは思い思いに宿題をしたり本を読んだりした。勉強をするときは、お膳（食台）を机代わりにした。いつも勉強は親の目の前でしなければならなかった。

当時の勉強は、読み方が多く、父母の前でも大きな声で朗読するのが常であった。それを両親は聞いており、漢字等の読み間違いを指摘してくれた。

時々は兄たちが算数などを教えてくれた。どうしても分からないと、

「学校ではそんな風には習わなかった。」

といって駄々をこね、ついには兄たちと口げんかになった。

こう描くと、いかにもひとつの明かりの下の一家団欒《だんらん》、幸せな家庭の風景になるが、結構緊張した空間でもあった。

まず、勉強するための食台の取り合いがあったし、暗くて針に糸が通せないといって母は電灯を低くしたかった。そうすると明かりの面積が狭くなり、家族は一層小さく電灯の下に集まらなければならなかった。何かを思い思いに勝手にするということが許されなかった。不便を感じながらも皆お互いに我慢し、融通し合わなければ生活ができなかった。

時折、と言っても一年に一度くらいであったが、我が家には門司の人が泊まりに来た。どういう人なのか、何の職業の人か知らなかったが、誰かに頼まれて都城の投宿の場に我が家が提供されたようである。

門司の人は初老の、人のよさそうな優しい感じの人であった。この人が来ると三畳の間が提供され、一灯しかないその電灯は当然のごとく三畳の間に移動した。そして障子が閉められた。家族は、障子を通してくる薄明かりの中でひっそりと暮らさなければならなかった。

はなはだ迷惑なことであったが、不平を言う者はいなかった。その間、両親の夫婦喧嘩もなりを潜め、家庭に一時の平安が訪れるので、子どもたちはある面歓迎していたのである。また、亀の甲羅の形をした門司のせんべいをお土産に持ってきてくれたから、それもうれしかった。

門司の人は三日ほど逗留して帰って行った。なにがしかの宿代を貰っていたのであろう、門司の人とお相伴をする父の食事は、我々のとは別仕立てのご馳走であった。

私にとって初めての写真が家の古いアルバムに残されているが、三、四歳の時、この門司の人が撮ってくれたものだという。庭先のバンコ（腰かけ）に、やせた子どもがランニングシャツ姿で座って写っている。記念物とも言うべき一枚の写真である。

一番上の姉の結婚式は、私が四歳のとき我が家で行われた。

電灯がひとつではどうにもならないということで、電気工事屋に勤めている従兄が、その晩だけ電灯を増設してくれた。台所も煌々《こうこう》として明るく、眩《まぶ》しいほどであった。宴会場の八畳の間には二灯ついた。これで万全、婚礼の夜を待つことになった。

ところが夕方から風雨が強くなりだし、結婚式が始まる頃には相当な雨と風が吹きまくった。台風が来ていたのであった。宴会の途中、電灯はついたり消えたりを繰り返していたが、ついに停電し、真っ暗になってしまった。

父は、盆提灯を取り出して、八畳の間に三、四個吊り下げたのであった。盆提灯の明かりの中で姉の結婚式は賑々《にぎにぎ》しく終わった。

終わる頃、台風も最高潮のときで、出席していた人は帰ることもできず、全員式場の八畳の間に雑魚寝しなければならなかった。車のない時代であった。台風が来なければ、その人たちは一里（約四キロ）に近い暗い夜道を歩いて帰らなければならなかったのである。

我が家には、奇妙な電球が母のタンスの引き出しにしまってあった。私たち子どもは、それを「相撲土俵の電球」と言っていた。

形は普通の電球と変わらないのだが、その電球は全体が青く塗ってあり、頭の部分の直径が四センチぐらいの円内だけが透明のガラスで出来ていた。その電球を灯すと、電球の真下だけが円形に照らし出された。それが子どもの目には相撲の土俵のように映ったのである。親がいないときなど、家で相撲遊びをするのにこの電球を灯した。

すもう電球？

兄たちの話では、この電球は戦争のとき、光が漏れて空爆などの標的にならないようにするための電球であったということであった。戦争中は電灯をつけて外に光が漏れると、たちまち、「誰それさん方は、灯が漏れちょる」と言って、相当に隣近所から苦情がでたという。空襲はそれほど恐かったのである。

だから、その電球は、大人にとっては苦しかった戦時中を思い出させる、目にしたくないもののようであった。遊びに使うなどとはとんでもないことであったのである。

風呂

我が家の五右衛門風呂の変遷

我が家に風呂釜が届いたのは、私が五歳の頃であったろうか、父と長兄に担がれて、その風呂釜はやってきた。真っ黒く汚れ、錆《さび》もたくさん出ており、しかも横っ腹に十センチぐらいの穴が開いているという代物であった。

誰か知人の家に何かの手伝いに行き、庭の片隅にほったらかしてあったのを貰ってきたのだった。

「何をすっとな（何をするのか）。」と聞くと、

「風呂をつくっとじゃ（作るのだ）。」と父が言う。

「穴が開いちょるのに」と私。

父はもうそれ以上は応えなかった。

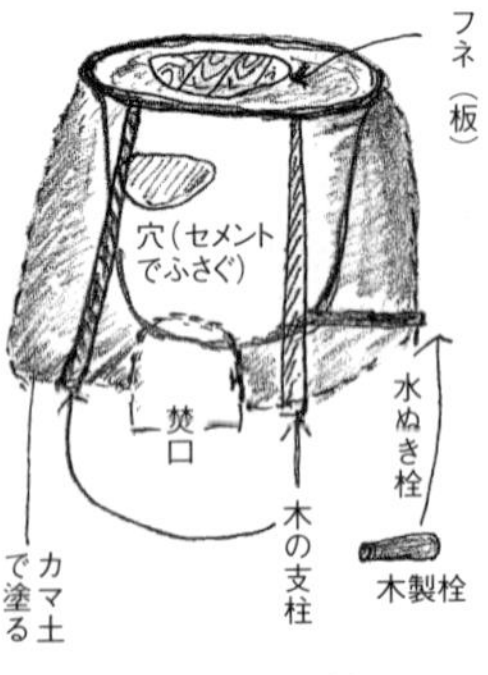

初代の我が家の風呂

風呂は庭の片隅に設置することになった。四本の木を支柱にして釜を支え、その回りを釜土《かまつち》で塗り固めた。どこからか土管を見つけてきて煙突にした。

肝心の釜の穴は、セメントを丹念に塗り固めて塞いだ。セメントが乾き、水を入れてセメントのあく抜きをするまで何日もかかった。

洗い場は、手ごろな平たい石を持ってきて作った。囲いもない、まして天井もない。五右衛門風呂だけがぽつんと庭隅に置かれたという風情の風呂であった。

釜土が乾くのを待って、風呂を焚くことになった。水は井戸の水を使った。井戸と風呂は十メートルくらい離れていた。井戸水は長い針金のついた釣瓶《つるべ》を落として汲んだ。その水をまたバケツに移し替え、風呂まで何度も往復して運ばなければならなかった。結構な重労働であった。

焚き木は製材所から貰ってきた杉の皮や雑木であった。もうもうたる煙の中で湯気がすこしずつ立ちだした。

自分の家で風呂に入ることができるのである。もう近所にもらい風呂や銭湯に行かなくても済むと思うと、なにか分限者になったような気がしたものだった。

第一日目の風呂には囲いがなかった。近所から丸見えという中で、私は、裸になって風呂に恐る恐る入った。五右衛門風呂の底や回りの鉄板が熱く、真ん中に座っていなければならなかった。ただ、貰い風呂のドラム缶の風呂より、周囲が大きくてゆったりしていたのがよかった。

板を丸く切って作った風呂のフネを慎重に沈めて、風呂の真ん中に身を置いた。するると、近所の人たちが見物に来て、

「よか風呂が出来たな。」

「一番風呂はどげんな（どうですか）。」などと聞いてくるのであった。善意の問いかけとともに、みすぼらしい風呂のたたずまいへの笑の雰囲気も少しあった。

「いっばん風呂はよかー（一番風呂は気持ちが良い）。」

と私は、笑顔と大声でそういう雰囲気を払拭しようとした。

ところで困ったのは、姉たちの風呂入りであった。囲いがないので暗がりの中でこっそりと入るしかなかった。父はさっそく製材所に行って、焚き木を買ってきた。その頃の製材所の焚き木は、杉丸太から杉材をとった残りの皮の付いた板切れで、長いものは二メートルくらいもあった。父はその焚き木から、壁に使えそうなものを選び出し、風呂の周りにコの字形の壁を作った。これで少なくとも周りからは見

えなくなった。

夜はロウソクをともして風呂に入った。天井はなかったから、晴れた日は星空を眺めながらの露天風呂であったが、雨の日は風呂は焚けず、冬は寒風の中で身体を洗うのが億劫《おっくう》であった。

もっと大きな難点は、そばに水がないということであった。湯加減を先にみて入るのならいいのだが、裸になってひと湯かけたときに熱いことが分かると、もうそのときは万事休す。「おーい、いてどー（熱いぞ）。」と大声で母屋に助けを呼ばなければならなかった。

居間と遠くに離れた裏庭にある風呂からは、幾ら呼んでも誰も気づいてくれないときがあった。熱い風呂を前にして、寒さにぶるぶる震えているという図はこっけいでさえある。だんだん腹が立ってきて、ついには、えいっとばかり裸のまま裸足になって井戸まで水を汲みに行くこともあった。

お湯をたくさん使うと、また井戸から水を運んできて焚かなければならないことから、お湯は大切に使うようになった。今もその感覚が残っており、

「すすぎがたりないわよ。」

と家人からよく言われるが、自分ではもう十分にすすいでいるつもりなのだ。

この風呂は、何回も作り直した。

釜の支柱が木であったので、使っているうちに木が焼けてきて釜が倒れそうになるからであった。セメントでふさいだ穴からは、少しずつ水が漏れ始めた。そして穴はだんだん大きくなり、セメントの部分がだんだん大きくなっていくのであった。

また、困ったのは、水をたくさん入れると、人が入ったとき、風呂釜からお湯が溢《あふ》れ出し、釜土で固めた周囲が溶けて流れ出すことであった。

そうこう苦労を重ねていくうちに、我が家の風呂もだんだん進化していった。

釜を替え、コンクリート製の枠の中に釜を納めるまでになった。おかげでお湯も溢れなくなった。そして大工になった長兄が待望の屋根つき風呂場を作ってくれた。

明かりもロウソクから、電灯になった。二燭光の暗い電灯であったが、スイッチ一つで明かりがつくのは便利であった。

最初の風呂から七、八年が経っていた。しかし、風呂の水は、やはり井戸からバケツで何往復もして運ばなければならなかった。水道が来たのは、ずっと後になって、家そのものを改造してからであった。

便所

金持ちになる話

年寄りは、「雪隠《せっちん》」と呼んでいたが、昔の便所は本当に粗末なものであった。家の中にある内便所と外にある外便所があり、分限者の家は内便所が多かった。我が家の便所は、家の外壁に申し訳程度に屋根と壁を取り付けただけの、いわゆる外便所であった。

我が家の便所は、桶を土の中に埋め、その桶に二枚の板を渡しただけの恐ろしく簡単なもので、その二枚の板に足を載せてしゃがむのであった。一メートルにも満たない高さの板戸が入り口にあり、それが仕切りであった。ある面では開放的な便所であった。家族だけの便所であったから、それでも恥ずかしいとか、汚いとかいう感覚は余り持たなかった。

ただ電灯がないのが子どもの私には恐ろしかった。夜は、雨戸を開け、下駄を履

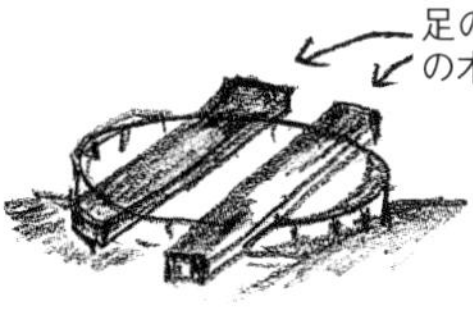

肥桶（土にうめてある）

いて、家の裏の便所まで、暗がりの中を歩かなければならなかった。小さいときは母が付き添ってくれたが、小学校に入ると、

「おせ（大人）になったんじゃから、自分で行け。」

ということになった。暗がりは、怖いと思えばいよいよ怖くなるものである。あるとき、勇気を出して便所に一人で行った。すると途中にぎらぎらと光るものがいた。それも一匹二匹ではない。肝をつぶして、

「なんか、おっどー（何かおる）。」

と震えながら叫んで知らせた。母が、

「なんがおったか（何がいたか）。」と見に来てくれた。

「そこ。そこじゃが。」

と私はその光るものを指差しながら震えて母に言った。母はそれをちょっと見て、

「そりゃ、節穴じゃが。」と落ち着いた声で言った。

「ええっ……。」と、よくよく見ると、家の壁の節穴から電灯の明かりが漏れているのであった。杉板一枚の厚さしかなかった壁には節穴がいっぱいあったのである。

それ以来、「やっせんぼ（臆病者）」という評価が定着してしまった。

そんなことがあって、便所には無理してでも一人で行くようになった。

ある冬の夜のことであった。明かりのない真っ暗な中を一人で便所に行った。一枚の渡し板に左足を載せ、右足をもう一枚の板に下ろした。ところがあるはずの渡し板がなかった。右足は空を切って、ずぼっと肥え桶の中に落ち込んだ。足を抜こうとするが、履いていた下駄が邪魔になってなかなか抜けない。やっとの思いで足を抜くと、糞尿にまみれた右足が、強烈な臭いと共にあがってきた。それからが大変であった。私は池の溝のところに立たされ、溝の水を洗面器でぶっかけられた。寒さと恥ずかしさに震えながら、その仕打ちに耐えた。

家に入ると、姉たちが一斉に、

「くせーっ（くさい）。」

と言って敬遠するし、散々な目に遭った。あくる日から、

「お前は金持ちになっじゃろ。黄金を身に着けたかいね。」

とからかわれた。しかし、いまだに私に金は回ってきていない。

中二階

台風に出現する不思議な部屋

我が家は平屋で屋根も低く、中二階などといったものがありうるはずもなかったが、しかし、一年の中でときどき中二階なるものが出現したのである。

それは夏から秋にかけて多かった。原因は台風の到来であった。我が家は、道路より低かったので、大水が出るとたびたび浸かった。

床下浸水はもとより、床上浸水も何回も経験していた。床上三尺（九〇センチ）くらいまで水に浸かった。この高さは家の床から道路面までの高さで、水がこの高さを越すと、道路を越して向こう側の低地に水は流れ出たので、これ以上になることはまずはなかった。

台風が来るというと、我が家は、風とともに水の心配もしなければならなかった。

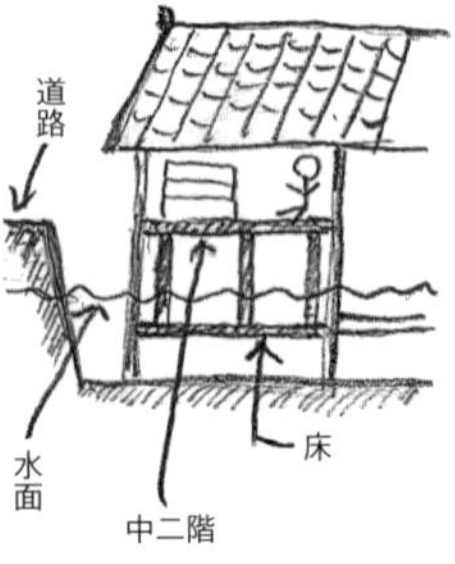

家が小さく、家そのものが土台石の上にのっかっているだけの薩摩づくりであったから、風に吹き飛ばされる要素もあった。幸い低い土地に建っていたので、風当たりは少し弱かったかもしれない。

戦後すぐの枕崎台風が来たとき、近所では多くの家屋が吹き飛ばされたが、我が家は幸いに残ったという。家は傾いたのだが、道路が壁の役割をして家を支え、それ以上傾かなかったので倒壊を免れたということであった。

問題は水であった。養魚の池のことはあきらめることにしても、家をどう水害から守るか、父は苦心した。幸い水は床上三尺までしか来ないという経験から、その上に中二階を作れば何とか水はしのげるという発想であった。

父は、中二階を作るための材を集めた。杉の丸太、中二階の床にする板、ロープ、かすがい等であった。杉の丸太や板は、天井と床下に準備された。天井板がもともとない我が家であったので、梁の上にその材を渡していたのである。床下に入れてある材は、台風が近づくと濡れないように早めに家の中に取り込むようにしなければならなかった。

水が床下に浸水してくると、いよいよ中二階作りの準備をしなければならなかった。

中二階は三畳の間に作ることにしていたが、いつでもむやみに作るわけにはいかなかった。作ってはみたが、水が床上に達しないで引いてしまう可能性もあったからである。雨のふり方や増水の速度を十分に観察し、ぎりぎりのところで判断し、一気に作り上げるということが必要条件であった。

作るとなると一家総出で当たらなければならなかった。丸太を天井から下ろし、ロープやかすがいで固定して中二階の土台を作り、その上に板を張った。そしてその上に、家中の畳全部を剝いで載せるのである。そしてその上に、浸かりそうなタンスの引き出しなどを載せていくということをしなければならなかった。畳を上げるためには、畳の上に家具などを極力載せておかない工夫もかねてから必要であった。

畳を剝ぐ時期をいつにするかという判断が最も重要であった。水が床下まで来ていても、床と水面の間に隙間があるときに畳を上げると、床下から強烈な台風の風が家の中に吹き上がり、家中の物がかき回されるからであった。

床下の水がちょうど床に届くかどうかという時に、父の号令で一斉に畳をあげるのである。

あげたとたん外の風が家にさっと入り込み、ローソクの灯などは消し飛んでしまうのであった。電気はとうの昔に消え、暗がりの中で、作業は戦争のような状況であった。父の叱咤《しった》の声が一段と強まった。

あるとき、ヤレヤレやっと畳上げが済んだと思って、家族全員がほっとしていたとき、八畳の間の方から、バサバサッという音が聞こえた。父が、

「しもたっ。タタン（畳）がまだ残っちょった。」

と叫んで飛んでいった。畳は水に浮いていた。暗がりの中で作業することから、こんなミスは大いにあることであった。

一度濡れた畳は、天気のよい日に幾ら干しても無駄であった。どうしても中まで乾かなかった。やがてその畳は腐れ、きのこも生えてきた。

水が床上にまでくると、家族は全員、中二階に上がった。屋根までの高さが幾ばくもない空間に腰をかがめながら入った。畳や荷物が積み上げられた中に七人の人間が滑り込み、ひたすら台風が通り過ぎるのを待った。

でも、私にはこの中二階の生活がなんだか楽しかった。夫婦喧嘩をよくする両親もこのときばかりは一致協力したし、家族全員がまとまったという感じがしたからである。

水が引き出すと、また戦争が始まった。まだ水が床上に少し残っているうちに、泥をかき出さなければならないからである。

ほうきや束子《たわし》などをもって、井戸水をぶっかけながら家族全員で掃除した。水が完全に引いたときは、床下もきれいになっているような徹底した掃除でなければならなかった。

我が家の畳の下の床板は、細い丸竹を敷き詰めたものであった。竹は濡れても乾きが早かったので、水が引いたら二、三日後には畳を敷くことができた。よく浸水する我が家ならではの生活の知恵でもあった。

神棚

神さあが一番

もの心がついたときから、私たち子どもは、毎朝、神棚に手を合わせた。朝起きると、親から「まず顔を洗え、次にかんさあ（神様）を拝め、そして親にあいさつをせよ。」としつけられた。

顔は池の湧き水から流れ出る溝で洗った。神さあは、先祖が祀られている神棚と、菅原道真が祀られている「天神さあ」の二つを拝んだ。それから父が座っている三畳の間に行き、正座して両手を付いて父にあいさつをした。

後年、学校に行きだし、朝があわただしくなってきたことや、夫婦喧嘩がよく起こり、なんとなくあいさつしにくい状況があって、父へのあいさつはだんだん簡略化していったが、「かんさあ」を拝むことはずっと続いた。小さいときに植えつけ

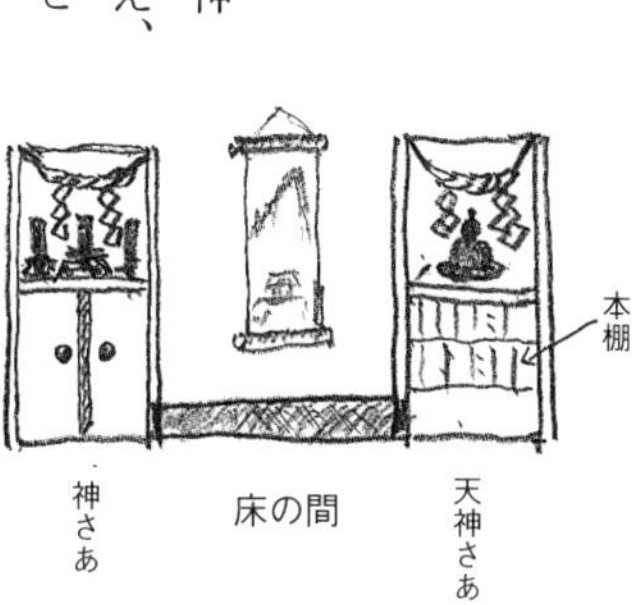

られたこのようなしつけは、家族のあり方や親のありよう、神への畏敬など、今の私にとって大きな影響を与えている。

先祖の神棚には、六人の位牌が祀られていた。祖父母、二人の伯父、そして二人の子ども（私の姉たち）のものである。毎年、お正月とお盆にはそれらの位牌の埃《ほこり》を払い、清水で拭いた。

第一次世界戦争で軍艦に乗り、地中海の波にさらわれ戦死した武熊伯父の位牌は、真っ黒く大きなものであった。湿らせた布で拭いて微かにその名前が判別できるくらいの古さになっていた。

位牌の中に一つだけ仏教の戒名のある位牌があった。我が家は神道であるので、疑問に思って母にたずねた。すると姉が死んだのは戦争中のことで神主さんがどうしても見つからず、やむなくお寺の坊さんに来てもらって葬式をあげなければならなかったという。だから戒名のある位牌があるのだということであった。戒名を貰った本人はどんな気持ちでいるのか分からないが、結局は生きている者の都合でそういうことになるのであろう。

お盆になると、位牌を神棚から下ろし、机の上に並べ、お供え物をするのが、父が生きていた頃の我が家のしきたりであった。正月には神棚の注連縄《しめなわ》を父がワラで綯《な》い、それにつける紙垂《しで》を近くの神柱宮に作ってもらっていた。

父は、死んだ人のそれぞれの命日をよく覚えており、

「きょうは誰々の日じゃ。パンを買って来い。」

と言って、私に十円渡すのであった。私がコッペパンを買って来ると、それを父は神棚に供え、祀るのであった。そういう父の姿を通して、「神様は偉いもんじゃ」と、神や先祖を大切にする気風が我が家にはあった。

ただ、面白いのは、日本古来の神道のみを信じているかといえば、決してそうでなく、キリスト教にも関心が深かった。

父方の家族は、宣教師のクラーク氏と交流があって、日曜学校にもよく参加していたという。父の妹は熱心な信者でもあった。私も近くに出来たキリスト教会の日曜学校に、父の勧めもあってよく参加していた。しかし、キリスト教の信者にはとてもなれなかった。とてもためになるお説教もあったが、神を絶対的に信ぜよという牧師の言葉には、何か違和感を覚えていた。

日曜学校に行くとお説教の合い間に、竹の先に黒い布袋をつけた網のようなものを持って回る人が来た。善意の寄付を投げ入れよということであった。寄付は強制ではなかったのであるが、周りの人たちが、その袋にお金を投げいれるのを見ていると、いつも何も出せない自分が切なくなってしまうのであった。

最初は何も持ってきていません、すみません、という仕草をしていたが、何回かそれが続くと、何か悪いことをしているような気がしてくるのであった。その袋が私の前につきだされたとき、私はとっさに、握りこぶしをつくり、いかにもお金を握っているかのように装いながら、袋の中に手を突っ込んで、寄付したかのように振る舞った。

日曜学校に行くたびに、神様の前でこういう偽りの行為をする自分が恥ずかしく、またこういう袋が回ってくることに、嫌気がさして、ついには日曜学校には行か（け）なくなってしまった。

神はこういう行為をとっくの昔にお見通しのことであろうが、ここで初めて告白することにした。悪い子どもであった。「主よ、許したまえ」。

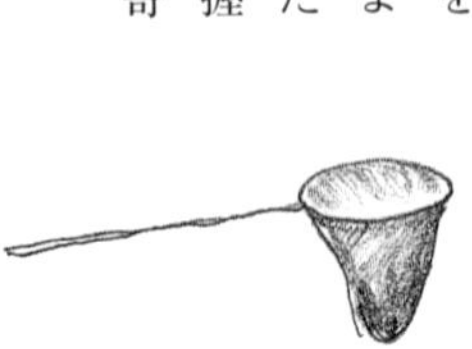

黒布の寄付袋

親類やよそ様から食べ物など何か貰い物をすると、父は、

「神さあに供えてかい。」

と言って、まず、神棚にそれをお供えしなければならなかった。ぽんぽんと柏手をうって、貰った物をお供えし、しばらくすると、というよりすぐに神棚から引き下ろして食べることが多かった。「生き神さあが先じゃ」という人もいたが、父がいる限り、神さあが先であった。

すぐに下ろして食べたといっても、自分ひとりで食べられるわけではなかった。姉兄たちの人数が計算され、それによって配分されるのである。母の持つ包丁の先をみんな真剣に見つめ、どれを取ろうかと虎視眈々と狙うのであった。

末っ子の私は大抵じゃんけんに負け、残ったものを取ることになったが、私には武器があった。それは泣くことであった。すると姉たちが、

「おお、よかよか。」

と言って、自分のものを少しずつ分けてくれるのであった。私と姉兄にはそれくらいの年齢差があったということだろう。私は姉兄に本当に甘えていたのである。

書斎

本当に書斎があった？

我が家のような貧乏暮らしの家に、書斎などという部屋があろうはずもないが、それが出現したのである。もっともこの書斎といういい方は、自分だけの思い入れと思い込みがあるのであるが。

実は、その部屋は、それまで鶏小屋であった。

長兄が大工になりたての頃、物置の小屋を建てることになった。材料は、電電公社から払い下げられた通信用電柱の腕木（横木）であった。昔の電話は殆ど有線であったので、通信用電柱が野山に連なって立てられていた。

一本の電柱に五、六本余りの腕木が取り付けられていた。腕木は樫の木か何かの硬い木で、長さは二メートルに満たないもので、しかも電線用の碍子《がいし》が取り付けら

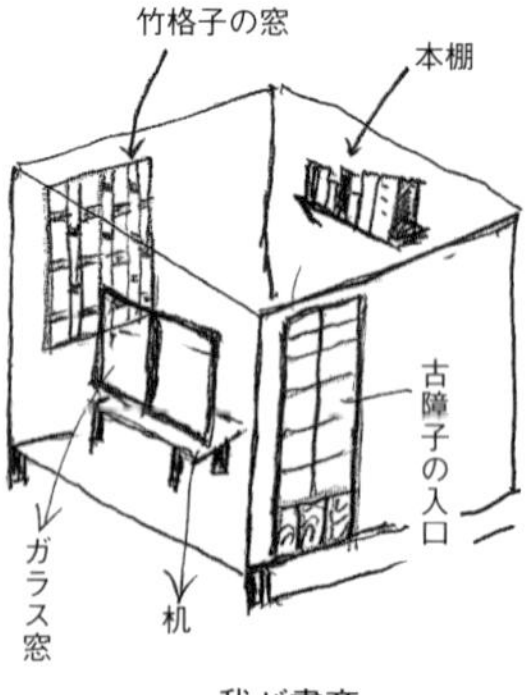

我が書斎

れるように何カ所にも穴が開いていた。

それを何本も組み合わせて小屋を作ったのである。硬い木であったので造作には兄も苦労したようだが、組み立てられた小屋はそれなりに丈夫であった。しかし、小屋の高さは低くならざるをえなかった。

屋根は、紙にコールタールを含ませたルーフィング材で覆っただけのものであった。建てた当初は、半分を物置、半分を鶏小屋として使ったが、鶏を飼わなくなって、その場所はそのままに放置されていた。

私が中学校二年生の頃のことである。無性に自分の部屋が持ちたくなって、しきりに父になぞかけをしていた。

ある日突然、兄の手で、鶏小屋の改造が始まった。

床を張り、壁にはベニヤ板を張り巡らせた。そして入り口はどこからか持ってきた古い障子、窓はこれもどこかの家を解体したときにあった縦六〇センチ、横四〇センチくらいのガラス戸二枚。そしてもう一つの窓も、どこかの料亭で使われていた古い竹格子の窓枠であった。竹格子は立派であったが、ガラスも障子もないただ窓枠だけの代物であった。

しかし部屋としての一応の体裁は整ってきた。広さは一坪半に満たなかったが、ようやく自分の部屋を持つことになった。私はこみ上げる喜びをかみしめた。

早速、座り机と小さな本箱を据え、教科書やかばんなどの学用品を持ち込むと、やっと一国一城の主になった気分である。「さあ、やるぞう」という掛け声とともに気分が高揚した。

夜になった、電気がなかった、暗かった。夜は母屋に戻らなければならなかった。電気までは、面倒を見てもらえなかったのである。

電灯が欲しくてたまらなかった。しかし、小遣いをためて買うしかなかった。お金が貯まるごとに、まず、ソケットと電球を買い、適当な材を焚き物の中から見つけ、電気スタンドを作った。そして次に、電気コードを買った。母屋からコードを引き、電気スタンドに明かりがともった。もうこれで、一晩中この部屋におることができるのだと思うとうれしかった。

木の電気スタンド

冬になると、竹格子の窓からは冷たい風が吹き込んだ。古いビニールのテーブルクロスを見つけて、そこを覆い、押しピンで留めた。

夏になると、ルーフィング一枚の屋根からは熱気が直接下りてきた。灼熱《しゃくねつ》の地獄となった。今度は、ベニヤ板を買ってきて天井板を張った。

この部屋には、暖房や冷房の道具は一切なかった。火鉢すらなかった。冬は毛布を体に巻きつけて寒さをしのいだ。夏はパンツとランニングシャツ一枚で暑さをしのいだ。母家の方に行けば少しは暑さ寒さも緩和されたのであるが、この部屋を離れるようなことはしたくなかった。

自分の部屋らしくという思いが強くなって、本棚を作ることにした。床下から適当な板を見つけ、それを洗って、部屋の壁に本棚として取り付けた。

蔵書はなかった。教科書と少しの参考書が並んだ。

自分の本を持ちたいなあという気持ちがまた強くなった。小遣いが貯まると文庫本を買った。岩波文庫は星一つがまだ三十円であった。五、六十円だせば、本が買えた。本を本棚に並べた。

一冊、二冊と増えていったが、冊数よりも、本が本棚に何センチくらい並んでいるかに関心は向いた。本がやっと一メートルくらい本棚に並んだとき、何かしら自慢をしたくなるような気持ちになった。

この部屋は、勉強部屋であったが、あるとき、東京の大学に行っているOさんが尋ねてきて、

「立派な書斎を持っているね。」

と言ってくれた。書斎という響きがいかにも快く耳を刺激した。私は、

「そうなんだ。ここは書斎なんだ。勉強部屋よりは一つ上の書斎なのだ。」

と自分の精神生活まで一ランク上に上がったような錯覚に陥った。

それ以来この部屋は書斎になった。書斎にしては余りにも貧弱な部屋であったが、気持ちの上では、書斎になっていた。私は大学卒業までこの書斎で過ごした。

食台とお膳

食台の役割とお膳の意味

我が家の食事は、家族全員そろって、というのが原則であった。四畳半の部屋に食台を置き、そこには、母と子どもたちが座った。多いときには六人の子どもが座った。三畳間には父が一人座っていた。

食事は、母が脚付きのお膳に食事を盛って父の前に据えるところから始まった。子どもたちは正座して、父が箸を取るのを待った。父が食事に箸をつけてから、子どもたちは「いただきます」と言って食べ始めるのが、我が家の仕来たりであった。今から考えると大時代的な食事風景に見えるが、明治生まれの父と母には、至極当たり前のことであった。

しかし、問題はあった。父がなかなか箸を取らないことが度々あったからである。

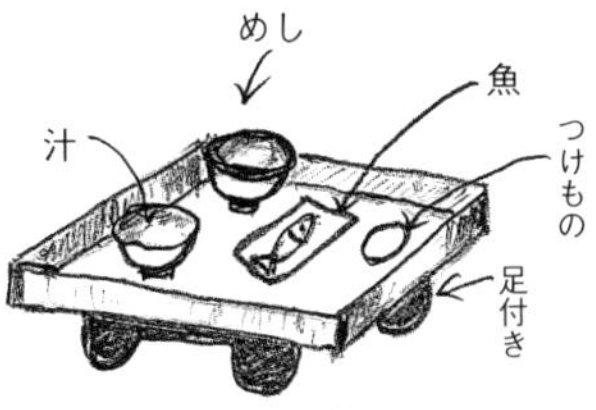

父のお膳

父が箸を取るまで、家族一同は、固唾を呑んで見守っていなければならなかった。

父には気難しいところがあって何かの拍子に直ぐに機嫌が悪くなった。それに、少しひがみっぽいところもあって、家長として大事に扱わなければならなかった。粗末な食事でも、父にはそれ相応の心遣いが必要であった。焼酎をつけるとか、一番大きな魚を出すとか、気を使った。

「何で箸を取られんのじゃろうか。」

と家族は疑心暗鬼に陥ることもあった。

子どもたちはじっと待った。やおら父が何事か怒ったように言いだすとその原因がわかるのであった。夫婦喧嘩のときもあれば、待遇が悪いと言ってごねることもあった。

十分待っても父の機嫌が直らず、父が箸を取らないときは、母が目で、

「喰え。」

と合図した。子どもたちはうつむいて食事を始めるのであった。黙々とご飯を口に運ぶだけであった。

我が家の食事開始は、まるで父の機嫌のバロメーターであった。

食台は縦三尺、横五尺の長方形で、高さが三〇センチの木製のものであった。この食台は、食事だけでなく、勉強机にもなったし、裁縫台にもなった。また、母が借金取りから身を隠す道具にもなった。

魚を売りにくるおばさんがいた。サバ、イワシ、アジ、イカ等の安い魚を乳母車に乗せて売りに来ていた。このおばさんには売り掛けが利《き》いていた。ある時、ガラガラと砂利道を乳母車を押してくるおばさんにいち早く気づいた母は、おばさんが売り掛けの金を取りに来たと思い、私に、

「おらんと言えね。」

と言って、立てかけた食台の後ろに隠れた。私が一人縁側に残された。おばさんが、

「お母さんはおらんね。」

と聞いた。私は、「おらん」と答えた。

「どこにいっきゃったね（どこにいかれたね）」とおばさん。

そこまでは母と打ち合わせていなかった。ぐっと詰まった私は、食台の方を横目

で見ながら、

「『おらんと言え』（「いないと言いなさい」）ち、言いやった。」

と言ってしまった。万事休す。苦笑いしながらバツの悪い顔で母が食台の裏から出てきた。

おばさんは母に頼みごとをしにきたということで、別に売掛金を取りにきたわけではなかったのであった。

その日は家に金はなかったのだが、夕食には魚がでた。母が頼みごとを引き受けたのであろう。

お正月の元旦の食事は、家族全員が八畳間に集まって行われた。

家族全員に一人ずつお膳が用意された。子どもにとってお膳を貰うということは、一人前に取り扱ってくれたということでもあり、最高の待遇であったのである。また、一歳年を取ることができたという祝いの膳でもあった。

そのお膳は、一等最初に神棚と天神さあ（様）の前に供えられるのはもちろんのことであった。私たちは、神棚と天神さあを拝み、それから、父の前に正座して、

「あけましておめでとうございます。」

と、新年の挨拶をし、自分の席に座った。

父がおもむろに年頭の挨拶をし、母が改まって父に、

「今年も、よろしゅう頼ん申しあげもんで。」

と、年頭の挨拶を交わした。

それを見て、子どもたちも気持ちを新たにするのであった。

お膳には、吸い物、かまぼこ、骨付き鳥肉の煮付け、オバ（油抜きした鯨の肉。酢味噌でたべる）、煮豆、にんじん・ゴボウ・サトイモ・昆布の煮しめ等が載っていた。すべて母の手作りであった。

母は十二月の三十日頃から豆を煮たり、昆布を水に浸したりして、大晦日の晩は、夜通し料理を作らなければならなかった。

数の子は安いものであったのだが、漁獲量が減ったのか、だんだん高価なものになってしまい、ついには我が家の正月料理には出なくなった。それにとって代わったのが、オバであった。オバは鯨のどこかの肉で、脂を抜いたちぢみのある白いふわふわしたもので、酢味噌で食べた。

食材が足りなくなると、大晦日の晩でも、父と私は町に買い物に出かけた。夜の九時になってもその頃の店は大賑わいであった。十二時近くになってようやく店じまいが始まった。今では到底考えられないことである。しかし、元旦の朝はうってかわって、しんと静まりかえっているのであった。これが年越しと新年であった。元旦最後の料理は熱々の雑煮であった。いつものズシ(雑炊)と違って、餅入りのしかも具だくさんの雑煮で、子どもたちは「うまい。うまい」といいながら何杯もお代わりをした。

その途中に、白ご飯もあると聞かされるのであった。そのときはもう腹いっぱいになっていたが、無理しても白米の飯を食べた。この機会を逃すと盆まで銀飯はわたらないのであった。

食事が終わる頃を見計らって、母が子どもたちに、お年玉を渡した。父が、

「大事に使え。無駄遣いをしないように。」

と口を添えた。

多くても五十円程度であったが、うれしくて食事が終わると、近くの駄菓子屋に金を握り締めて走った。福袋やさまざまな福引が子どもたちを待っていた。

時計

若き日の母の形見

我が家には時計があった。ネジ巻き式の振り子時計で、三日置きぐらいにネジを入れないと止まってしまった。その状態を私たちは「時計が、け死んだ」と言っていたが、振り子が止まった時計というものは、なんとなく全体が煤けて、本当に死んだような薄ぼんやりとした風情に見えた。それが我が家の唯一の時計であった。

この時計は大正時代、母が宮崎のグンゼで働いていた頃に、何かのことで表彰されて貰ったものであった。時計の横には「小口組」と書いてある。振り子の音も明快で、一時間置きに、大きな音でガーン、ガーンと時刻を告げてくれた。その音は、家のどこに居ても聞こえた。

この時計は、神棚の脇の柱にかけられていて、庭からも見えるようになっていた。時計が読めない頃、外で働いている父たちから、「今何時か」とたずねられると、

「長い針は五のところ。短い針は二と三の間。」

と言って答えていた。

この時計があるおかげで、我が家の生活は、しまりのあるものになっていた。家族はこの時計を大事にしていた。


小さい頃、姉たちが読んでくれた本の中に「オオカミと七匹の子羊」という物語があった。狼があの手この手を使って子羊を食べようとする話であるが、ついに狼の策略に負けてドアを開けてしまったときに、一番小さな子羊が隠れた場所が時計の中であった。

このことが私にはどうしても理解できなかった。小さいといっても羊は相当に大きい。この羊がどうして小さな時計の中に隠れることができるのか、思い描くことができなかったのである。姉たちにどういう風に隠れたのかとたずねるが、納得のいく答えがなかった。姉たちは続きを読んでくれるのであるが、それから後の物語の展開は私には一つも耳に達しなかった。

「どこにどんな風に隠れたのだろう。」

と考え続けた。私の知っている時計は、我が家の小さな柱時計でしかなかった。それ以外の時計は思いつきもしなかった。西洋の居間にある大きな古時計のたたずまいなど知る由もなかったのである。

父はこの時計にネジを入れたりする管理者であった。時々は文字盤をはずして、機械に油をさしていた。本来は機械油をさすべきであったかもしれないが、ないときは、化粧台の中の椿油などをさしていた。

父が亡くなってからは、父のまねをして私がするようになったが、いつか油が見つからなくて、台所の菜種油をさしたことがあった。しばらくは順調であったが、次第に遅れはじめ、とうとう時計は止まってしまった。菜種油は、古くなると酸化して固まる性質があり、歯車の回転軸にさした菜種油は見事に白くかたまっていた。修理屋にだすと、

「素人さんが扱いやったたな。」

と言われ、いたく自尊心を傷つけられた。

父が亡くなると、三日に一回ネジを入れるということが案外苦痛になり、時計は

度々止まった。時計がそう度々止まったのでは困るということで、母は一カ月に一回ねじを入れれば済むという最新式の柱時計を買ってきた。

便利にはなったが、時刻を知らせる音にどうもなじめなかった。おとなしく上品なのだ。ガーン、ガーンと古めかしい、しかも自分の存在を誇示するような大きな音を出す古い柱時計の方にまだ愛着があった。

古い時計は母の形見としてわたしが貰い受け、私の倉庫に眠っている。動かそうと思えば、すぐにでも生き返るのである。

私が結婚をした頃、この時計を柱にかけネジを巻いて生き返らせたことがある。夜中に一時間置きに大きな音でガーン、ガーンと時を告げるので、うるさくて目がさめてしまうという家人の訴えで、一週間もしないうちに再びお蔵入りしてしまった。

ラジオ

娯楽の発信源。耳傾けて

昔の娯楽はラジオを聞くことであった。いつからラジオが我が家で鳴り出したかは記憶にないが、一番上の姉が結婚した相手が国鉄の電気部に所属し、ラジオの修理等に詳しかったことから、そこらあたりから古いラジオを貰ってきたのではないかと思う。

ラジオは真空管式のもので、真空管が四、五本使われていた。私たちはそれを、四球ラジオとか五球スーパーラジオなどと呼び、真空管が多いほど良いラジオであった。真空管が温まるまでしばらく音は出ないし、真空管が古くなると雑音がでたり、音が大きくなったり小さくなったりするなど、不安定なラジオであった。

長兄は中学校のクラブで科学班に属しており、ラジオ製作などにも取り組んでいた。古い真空管などを貰ってきては我が家の古いラジオの真空管と差し替えたりし

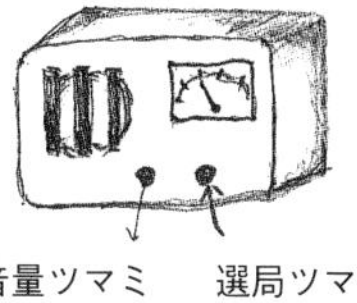

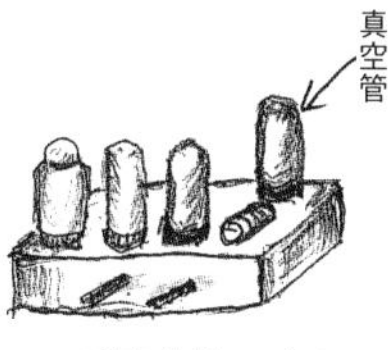

四球真空管ラジオ

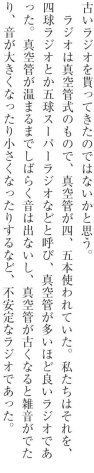

て音声の安定を試みていたが、なかなかうまくいくものではなかった。

我が家の電気事情はまことに貧弱で、六〇ワットの電灯が一灯しかなかった。ラジオの電源は、その電灯のソケットに二股ソケットを取り付け、そこから電気を引いていた。

これは内緒だが、私の家の電気料契約は六〇ワット電灯が一灯ということになっていたのである。ある日、九電から漏電防止のための家屋調査があった。調査員は目ざとく、

「お宅にはラジオが付いていますね。」と指摘した。

「ばれたか」と父母は思ったかどうか分からないが、悪いことをしているという意識は毛頭なかったのである。正直者で気の小さい父と母は青くなり、どうすればよいのか右往左往し始めた。

「お咎《とが》めがくるのではないか。」「課徴金がくるのではないか。」その心配が極に達して、母は九電に飛んでいって相談した。結局、家に電気量メーターをつけて、電灯やコンセントなどを増設するという条件で落着したのであった。

おかげで我が家は一挙に明るくなった。電灯一灯のときは六〇ワット電球を一晩

中点灯していたが、メーター制になってからは、二燭光の電灯以外は全部消して寝るようになった。電灯も白熱灯から電気を食わない蛍光灯に替わり、ますます明るくなっていった。

ラジオの番組で好きであったのは、北村寿夫原作の新諸国物語「笛吹童子」「紅孔雀」「オテナの塔」などであった。その番組は夕方六時前後に十五分の放送があった。

音が大きくなったり小さくなったりするラジオに耳を押し付けつけながら聞き入った。物語が盛り上がってきたところで、ラジオの音はよく異常になるものであった。スイッチを入れ直したり、ラジオをたたいたりして音を出そうと悪戦苦闘した。

その頃の真空管ラジオは、時として発信機にもなり、ピー、キュー、ガーという雑音は隣近所のラジオにも伝染した。この時間帯は子どもが楽しみにしていたので、殆どの家庭がラジオをつけていた。雑音のひどいラジオがあると近所に大きな迷惑をかけた。

夜の番組では「アチャコ青春手帳」「二十の扉」「三つの歌」「とんち教室」など

が一家そろって楽しめた。私は浪花節が好きで、寝床に入ってよく聞いたものであった。なかでも「左甚五郎」という演目が気に入っていた。

最も簡単なラジオは鉱石ラジオであった。エナメル線を棒にまきつけてコイルを作り、それを真空管代わりの鉱石の入った長さ三センチくらいの電波調整管をつけただけの簡単なもので、イヤホーンで聞いた。電波の状態がよいと結構聞けたものである。

小学校五、六年生の頃、私も挑戦した。構造は簡単であるが、おいそれと音を出してくれないのが鉱石ラジオであった。アンテナの向きを変えたり、鉱石の接触をなおしたりしているうちに、何かのはずみで、かすかに音が聞こえてくるのであった。そのときのうれしさは例えようがない。

その頃の都城では電波事情がよくなかったせいか、鮮明な音は鳴らなかった。

我が家に新品のラジオが来たのは、私が、中学生になってからのことであった。長兄が月賦で買ったものであった。今ならローンを組んで、支払いの心配さえなければ、新しい品物をどんどん購入できるのであるが、昔は月賦という支払い方法が主であった。月々の支払いを自分で購入先に支払うというシステムであったから、面倒なものではあった。反面、支払い能力がないとみなされたり、信用がない人には売ってもらえなかったので、今のように簡単に破産したりするようなことは少なかった。金のない者が物を買うということが難しい時代であった。

兄が買ってきたラジオは、ハイファイ音が出る最新式のもので、音質もよかった。父は、このラジオを自慢したくてたまらなかった。そして、ついには、ラジオをわざわざ縁側に持ち出し、机の上において鳴らすようになった。

客が来るたびに、

「息子が、こっきたラジオじゃしとを(買って来たラジオなんですよ)。」

とひけらかすのであった。幼稚園で音楽を教えているエライ先生から、

「音の良いラジオですね。」

と言われると、もう有頂天になって、

「誰々先生が、よかラジオじゃち、ゆやった(おっしゃった)。」

と、ラジオのよさをさらに権威づけるのであった。

テレビ・蓄音機

音楽への誘い

テレビなるものを初めて見たのは、私が中学校一年生の時であった。都城の大丸デパートが開業し、その隣の山田電機店でテレビの展示があった。まだテレビの電波は都城には届いていなかったので、静止画が映し出されていた。しばらくして試験放送が始まった。最初は鹿児島からの電波を受けていた。その年の卒業記念に先輩が学校にテレビを贈ってくれた。そのテレビで今の天皇と美智子皇后の結婚式を見た。

家庭にはまだあまりテレビは普及していなかった。とてつもなく高価で、テレビのある家は分限者であった。白黒テレビで、四本の細い足で立っていた。ブラウン管は小さく、四角というより丸に近かった。

テレビのある家には、近所の人たちが群がった。人気番組のある夜なんかは、大勢の人が押し寄せた。必然的にテレビは大勢の人が見ることができる場所に置かれた。そこは床の間であったり、玄関口であったりした。まさにテレビ様々であった。

私の大学卒業までに、我が家にはテレビがなかった。しかし、そんなにテレビを見たいという欲求は起こらなかった。近所のテレビのある家に行くこともなかった。恥ずかしさと自尊心がそうさせなかったような気もする。おかげでか、どうか分からないが、中学、高校、大学の時代は読書や音楽鑑賞を十分にすることができた。

そうは言っても、見たい魅力的なテレビ番組もあった。その一つが「イタリアオペラ公演」であった。この番組は、もっぱら高校の音楽の池田玉先生の家で見せてもらった。NHKがイタリアオペラを招聘《しょうへい》し、その演奏会の模様を毎晩のように放映していたのである。「トスカ」「トロバトーレ」「西部の娘」「オテロ」「道化師」など、それまで見たこともないオペラの世界を知ることができた。歌手はソプラノのテバルディ、アルトのシミオナート、テナーのマリオ・デル・モナコなどの世界一流の歌手ばかりで、このときほどオペラを集中的に堪能したことはない。

電蓄とは、電気蓄音機のことである。小学校ではまだ手回し蓄音機が利用されていた。レコードをターンテーブルに載せ、ハンドルで蓄音機にネジを入れるとレコードが回りだし、ラッパの管についている針を落とすと音が鳴り出した。いい音とは言えなかったが、シューマンの「トロイメライ」やサンサーンスの「白鳥」などが流れると、その曲の美しさに感動したものであった。

途中でレコードの回転がだんだん遅くなることもまれでなく、またハンドルでネジを入れなければならなかった。レコード針は一・五センチくらいの長さの鉄製で、磨耗も激しく、レコードが終わるたびに取り替えなければならなかった。ベートーベンの交響曲などの長い曲はレコードが四、五枚は必要であったので、レコードの取り替え、ネジ入れ、針替えなど忙しかった。

中学校に入ったころ、ようやく電蓄が出回り始めた。

電蓄は、レコードの回転数を変えることができたので、レコードの種類も増えてきた。ＳＰ盤（七十八回転）、ドーナツ盤（四十五回転）、ＬＰ盤（三十三回転）の三種類になった。

レコードの種類によって、針も替えなければならなかったが、針の材質がサファイアなどの硬質宝石などが使われて長持ちし、一回一回替えなくてすむようになった。レコードの材質も改善され、音質も格段に良くなってきた。長時間の録音が可能になって、交響曲も大体一枚のレコードに収まるようになった。

我が家に電蓄がやってきたのは、私が高校に入ってからであった。電蓄というよりレコードプレイヤーであった。ターンテーブルと針の付いたアームだけの簡単な構造で、プレイヤーの線をラジオにつなぐと音が出るという仕掛けであった。

家には、どういう訳か、古いSPレコードが何枚かあった。レコードプレイヤーが来たとき、それらをかけてみると、浪花節、漫才等で、唯一音楽らしいのは「ドナウ川の」であった。

我が家のレコードプレイヤーは、ラジオ番組を止めて聞かなければならなかったので、ラジオ番組を楽しみにしている他の家族にはすこぶる評判がよくなかった。借りてきたレコードを聴きたいのに、番組が終わるのをぐっと我慢して待っていなければならなかった。

ようやくラジオ番組が終わり、いざレコードを聴こうとすると、

「もう寝るから小さな音で聞け。」

と言われる始末。踏んだりけったりであった。

机

我が家には机が三つあった

我が家には机があった。この机は、叔母が嫁いだ人の机であった。この人は早世したので、この机が形見として我が家にきたのである。我が家で机といえばこの机をいった。

天板は樫かなにかの硬い木の一枚板で、縦六〇センチ、横一〇〇センチくらいの大きさがあった。足は轆轤《ろくろ》でひいた形の良いもので、どことなく品が感じられた。

この机は我が家唯一のガラス窓の下に据えられ、家の装飾品みたいな役割をしていた。だから、この机で勉強をすることはなかった。ただ、一枚板で表面がきれいであったので、兄が製図などを書くときは時々引っ張り出して利用した。

この机は今も私の手元にある。私が仕事で単身赴任する度について回り、座卓と

形見の机

して活用しているのである。もう八十年以上経っているだろう。何回もニスを塗りなおして今も元気である。

勉強は食台（卓）でしていたが、実は机にすることができる台があと二つあった。一つは杉で作られた大きな台で、衣類や何やかやの荷物置きに利用されていた。私はこの机の下の空間が好きで、もぐりこんでは空想にふけったりしていた。父から怒られたときなどの逃げ込み場所でもあった。

あるときなどは、怒られて、泣きながらこの机の下に入り込み、そこでついに眠ってしまったことがあった。肌寒い日であった。目が覚めると、布団がかぶせてあった。父がかぶせてくれたものに違いなかった。私は黙って布団をたたみ、少し照れながら父の顔をみた。この台は、例の書斎を作ってもらったときに、そこに運び込んだ机である。

もう一つの机は、縦四〇センチ、横五〇センチくらいの小さな座り机である。小さいけれども、硬い木を使っていたせいか、かなり重かった。机の足は二枚の板で出来ていたが、足の間が狭く、正座しなければ机の下に膝が入らなかった。しかも、

持ち運び机

机の表面が恐ろしくでこぼこしたものであった。

母の話によると、この机は父の手作りであった。

戦争で学校が焼けて、机も椅子もみんな焼けてしまった。それで、学校がきょうは公民館、明日はお寺と場所が変わっていったということであった。しかも姉たちは机を個人で持っていかなければならなかったのである。

そのための机を父は急遽《きゅうきょ》作らなければならなかった。手ごろな板もなくカンナもない状況で、机の表面を滑らかにすることができなかった。ノミか何かでやっと表面を削りだしたのが、この机であった。

父の労作であり、姉たちの汗がしみ込んだ机であったのだった。小学校の二、三年間を、私はこの古い机を引っ張り出して勉強をした。小学生の私には少し高さが高かったが、畳の上に正座して背筋を伸ばしてする勉強は、私を何か清冽な気持ちにしてくれた。

引き出し・刀架け

先祖の遺品と通知表のことなど

引き出しといえばどこにでもあるが、我が家で引き出しといえば、

「ああ、あの引き出しか」と分かる固有名詞的な引き出しがあった。それは、父が祖父から受け継いで来た引き出しであった。今で言うところのローボード的なもので、幅四尺、奥行き二尺、高さ一尺ほどの、引き出しだけのある箱であった。その上に先述の形見の机を乗せていた。

父は、男では四番目に生まれているが、上の三人が早く亡くなったので、最終的には家を継ぐ形になった。と言って、財産を貰ったわけではなく、お墓と位牌、そして、この引き出しを受け継いだに過ぎない。

その引き出しには、祖父と伯父たちが遺した宝物的なものが入っていた。

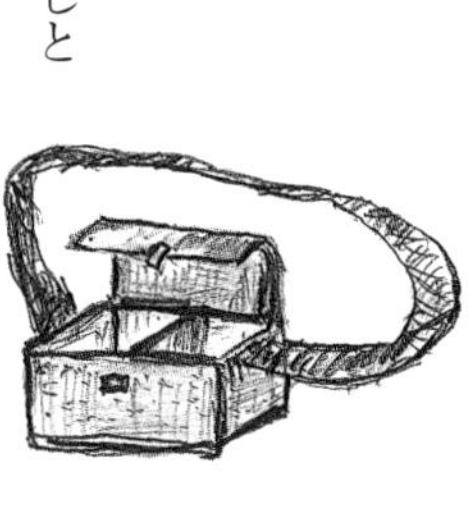

西南の役　弾薬入れ（皮製）

まず、祖父の「西南の役」従軍の遺品である。祖父は、明治十年の西南の役に、十八歳で薩摩方として従軍している。負け戦の連続で、高岡まで逃げて、多くの者は高岡の藪に武器を投げ捨てて、農民のような風体をして逃げ帰ったという。

そのときに使った弾薬入れ、陣笠、短刀、鉄砲などがあった。しかし、第二次世界大戦に敗れたとき、あらゆる武器はアメリカの進駐軍に見つかると撤収されるということで、いろいろな形で処分してしまったという。

しかし、私が物心ついたときには、その処分されたはずの遺物が幾つか残っていた。

弾薬入れは、唯一そのままの形で残っていた。肩にかける小さな箱で、皮でできていた、箱の部分の内側は鉄製であった。皮は干からびて、もろくなってしまっていたし、鉄の部分は錆だらけであった。

陣笠は、丸に十の字の島津の家紋が入ったもので、これも皮製で、その上に黒と赤の漆を塗って防水された立派なものであった。この陣笠は雨の日の田植えなどの農作業に蓑傘の傘として重宝がられ、長く使われた。その所為《せい》で傷みが激しく、いつの間にか、捨てられてしまった。

短刀は、鶏をこしらえるときの道具に変身していた。鉄砲は、銃身をはずし、一方を叩き潰して、地面に穴をあける道具にしてしまった。鉄の銃身は重く、茶色にさびていたが、金の象嵌《ぞうがん》が少し施してあり、光を放っていた。

こういう話をするときの父は、どこか誇らしげであった。

引き出しには、そのほか、古い書付や軍艦の写真集、伯父たちが貰った勲章などが入っていた。

西郷隆盛が島流しになったとき、内地の鍛冶屋に犬の鎖を作ってくれるよう頼んだ書簡があった。本物かどうかも分からなかったし、何が書いてあるのかも読めなかったが、父はその書簡を屏風にし、家の壁に飾っていた。ところが、どこかの骨《こっ》董屋《とうや》か、西郷ファンがそれを聞きつけて、売ってくれと家にやって来た。最初は断っていたが、何回か行き来があって、ついに父はそれを売ってしまった。どのくらいの値打ちがあったものか全く分からないが、少なくともどういう内容の文書であったのかぐらいは知っておきたかった。

勲章は、たくさんあった。殆どが伯父たちの従軍による勲章であった。黒の漆を塗った見事な箱に勲章は納まっていたが、デザイン的にも見事な図柄が彫り込まれていて、神代の日本の落ち着いた人物像もあった。父が一番自慢だったのは、武熊伯父がいただいた金鵄勲章《きんしくんしょう》であった。

伯父は第一次世界大戦の頃、軍艦に乗り組んで地中海を航行中、大波にさらわれて没したという。遺体は揚がっていない。そのときの功績を称《たた》えられての金鵄勲章の叙勲であった。

その頃は、まだ戦死者数も少なかったせいか、名誉ある戦死者として奉る余裕が日本にはあったようだ。軍艦の写真集にも戦死者として伯父の写真が掲載されている。葬儀も地元を挙げて盛大に行われた。夫を亡くした若い妻は、その場で髪を下ろし、尼になったという。

そういう話を聞きながら、私は何かしらやるせない気持ちになっていくのであった。金鵄勲章を見ると、そこにはひっそりとした空気が流れているように感じられた。決して誇らしげに語られるものではなかった。

この引き出しは、子どもが勝手に開けられなかった。父が年に一回か二回開けるときに、子どもは固唾をのんで静かに正座して見ていなければならなかった。父は、先祖を敬うように大事に開けて見せるのであった。

我が家には、もう一つの特別な引き出しがあった。それは母のタンスにある小さな引き出しであった。この引き出しは、後始末さえしっかりとすれば自由に開くことができた。

ここには、父が軍属として派遣されていた海南島の写真集と、敬之助伯父が軍艦で遠洋航海をして立ち寄ったサンフランシスコの写真集があった。異国の写真が少ない頃であったので、私はそれらを見るのが好きであった。アメリカの少女のワンピース姿などを見ると、大人っぽく、なぜかまぶしく感じられたものであった。

この引き出しには、他人には見せたくないもう一つのものが保管されていた。それは子どもたち全員の通知表であった。それも全学年分余さずとってあった。

通知表を見ると、姉兄たちの成績は概して優秀で、優等生の朱印が大きく押してあるものもあった。こういう姉兄たちも義務教育を終えると全員就職している。高校・大学と進学できたのは末っ子の私だけである。姉兄たちの支えがあって初めてできた私の進学であった。感謝するしかない。

姉兄たちが、自分が進学できなかったことについて、不平不満を言うことはない。姉兄たちは、我が家の置かれた状況を考え、それぞれが家族の一員としてその時々に求められていた自分の役割を黙黙と果たすことしかなかったのである。だから、自分の希望や感情は自分の中で押し殺さなければならなかった。姉や兄たちの心中はいかばかりなものであったのだろうか。

通知表を見ながら面白いのは、通知表は時代の空気を反映しているということである。保管されている通知表は、長姉が小学校一年生だった昭和八年から、末っ子の私が高校を卒業する昭和三十八年までの三十年間七人分の通知表である。

その三十年間は日本にとって大きな試練の時代であった。戦争への道、世界第二次大戦、敗戦、そして復興と、めまぐるしく、国民にとっては苦しい時代であった。長姉の通知表（通信票となっていた）は、戦前の平和でまだ物質的にも幾分豊かなときであったのか、紙の質もよく、通知表の内容もしっかりしたものであった。目を引くのは、「児童の心得」が書いてあることである。

「朝は」の項目には、「早く起き容儀を整えお掃除をなさい」とか、「神仏に礼拝し父母長上に挨拶をなさい」とか、「学校に行くときは父母に挨拶して出かけましょう」などのことが、そして「学校では」「学校がすんだら」「夜は」などと、時間と場所に応じた子どもたちに必要な一日の過ごし方について分かりやすく書いてあった。

その中で一番目立つのは、「父母への挨拶」を強調していることである。「朝の挨拶」「学校に行くときの挨拶」「学校から帰ったときの挨拶」「夜休むときの挨拶」と、父母を敬う心を育てようとしていたことを見て取ることができる。

我が家で私が親から受けたしつけは簡単明瞭なもので、

朝起きたら、顔を洗え、神さあ(様)を拝め、親に挨拶せよ。

「行ってまいります、ただいま」を大きな声で言え。

であったが、これらはすべて通知表に書いてあることであったのである。学校でも、家でも、同じ目線で子どもをしつけていることに何か心強いものを感じる。それをよしとする社会の空気があったのであろう。

同じ通信票には「学暦」という学校暦が掲載されている。今の学校行事のことである。その頃の学校行事は今とは大分趣が異なっている。

「天長節（四月二十九日）」「教育勅語御下賜記念日（十月三十日）」「明治節（十一月三日）」「新嘗祭《にいなめさい》（十一月二十三日）」「都城先賢墓参（十一月二十七日）」「四方拝（一月一日）」「紀元節（二月十一日）」など、まだこの他にも聞きなれないものがある。「先賢墓参」とはどこに行ったか分からないが、興味深い行事である。

兄たちの昭和二十年前後の通知表になると、紙質が悪く、ざらざらした黒ずんだものになり、しかも小さな紙切れ一枚というまことに粗末なものである。戦争末期から終戦直後の日本の物質的困窮の姿がうかがわれる。内容もいたって簡単で、教科の成績を知らせるだけの通知表となっている。

母が何故通知表を保管していたか分からないが、母が保管しているという意味を子どもたちは感じ取っていたのかもしれない。通知表には保管するだけの値打ちがあるもの、それだけに学業をおろそかにしてはならないという暗黙の了解が親と子にあったような気がする。

もう一つ、幼心にも鮮明なのは、父の自慢の「刀架け」である。この刀架けは決して上等なものではなかった。木造りで、形もいたって簡単で、十本くらいの刀を架けることができた。

しかし、私は、その刀架けに刀が架かっている姿を見たことがない。第一架けるべき刀がなかった。父の話によると、戦前は、その刀架けに何本もの刀が架かっていたという。架けきらない刀は例の引き出しに仕舞ったという。大部分は軍刀であったようであるが、なぜ我が家に刀がたくさん集まったのか（あったのか）わからない。

敗戦後、それらの刀はどうなったのか分からないが、少なくとも、そのうちの何本かは刀身を半分に叩き割り、柄の付いた部分を「ヤマカラシ」として生活用具にしてしまった。

ヤマカラシは、竹を割る道具や鶏の骨を叩き切る刃物として多用された。ただ小さかった私には、それが昔は刀であったことは気づかなかった。最初からそのような形をしているものがヤマカラシであると思っていた。

この刀架けは、床の間に置いて、生け花の花器を載せる台にしたり、菅原道真の木像を載せる台などに使ったりした。今は兄の家にあって、模型の刀がかけてある。

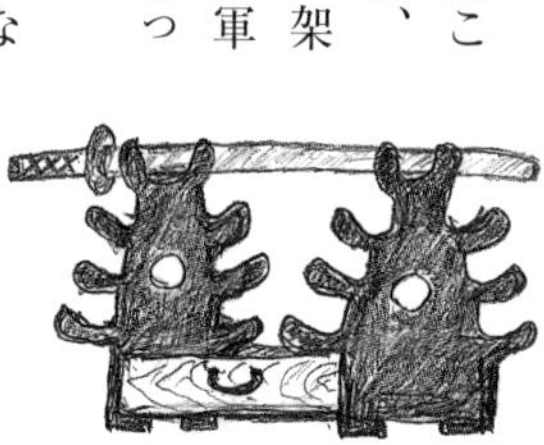
刀架け（およそこんな形をしていた）

横笛、マンドリン、ギター

我が家は音楽好き？

我が家は文化的にはどんな生活をしていたか、今なお余り分からない。生活が苦しかったことは事実であるが、そのほかの生活というか精神的なところで潤いや活力があったのかと言われれば、それが余り分からない。ただ、家族はそれぞれに何らかの特技や特徴があり、できる範囲において思い思いに個性を伸ばしていたのは事実である。できる範囲でということは、親からの経済的支援がない中でというニュアンスである。

さて、我が家の文化的道具には、何があったのだろうか。

思い出すのは、父の横笛である。父は時折興が乗ると、竹で作った横笛を吹いた。どんな曲であったか記憶にないが、たぶん自己流の自作自演の曲であったであろう。近所の人も時に聞いていることがあったので、少しは上手い吹き手であったのかも

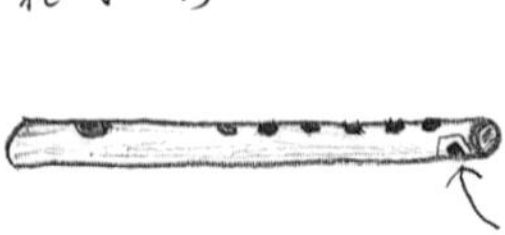

父の横笛（竹製）

しれない。

薄ぐらい電灯の下で障子を背にした父が笛を吹くさまが、セピア色の中に思い出される。唾とともに吐き出される父の息遣いが、いまも耳の中に残っている。

マンドリンがあった。二番目の姉が会社勤めをしていた頃、たしなんでいた物である。製糸会社の寮に住んでいたので、クラブ活動か何かで習っていたのであろう。会社をやめたとき、我が家の床の間に置かれた。

ラッキョウを縦に二つに割ったような形をした楽器は珍しかったが、床の間に置かれたっきり誰も弾く者がいなかった。姉が弾いていたのを思い出しながら、見よう見まねでマンドリンに挑戦したことがあったが、結局ものにならなかった。

そして、長く床の間にケースにも入れないで放置されていたマンドリンは、長い間の湿気のためか、張り合わせてあった丸い部分の板の糊が次第に緩み、ついに、ばらばらと崩れてしまった。

ギターもあった。これは大工の長兄がたしなんでいた。楽器屋に習いにも行っていた。「湯の町エレジー」や「落ち葉しぐれ」などの流行歌を練習して、だいぶ上手くなっていた。兄は、県外に働きに行くなど仕事が忙しくなって、ギターも床の間に置かれる存在になってしまった。

私は、ギターもまた見よう見まねで弾くようになった。しかし、楽譜を見て弾くまでにはならなかった。すべて自己流で、知っている曲の旋律を弾くだけであった。その程度なのに、ギターとは長く付き合った。高校・大学の時代には夕方、近くの田圃のあぜ道を散歩しながらギターを爪弾いた。

このギターも湿気のため、胴と竿の糊がはずれ分解してしまった。台風のたびに浸水に見舞われる我が家の宿命だったのかもしれない。

絵本

ニワトリさんは「ここ、ここ」

絵本の最初の記憶は、この絵本である。後にも先にもこの絵本しか思い浮かべることができない。何歳の頃であったかも確かでない。まだ文字が読めなかったので、五歳以前のことであったのであろう。

その絵本は、父が買ってきてくれた。その日は父の給料日であった。その頃、父は西都城駅近くの印刷会社に勤めていた。帰り道に田中書店があった。給料を貰った父は帰りに書店に寄って、その絵本に目を留めたらしい。

絵本は動物が描いてある絵本であった。幼児用の本にありがちな単純化した動物の絵ではなく、本物を写したような素晴らしい絵で、落ち着いた自然な色使いの絵本であった。印刷職人である父の目を通しても相当に立派に映ったらしい。

「ココ、ココ」と言わんと
分からん

「こりゃ、よか色刷りの絵本じゃ。」と言いながら、父は私に絵本をくれた。自分の本を持ったことがなかった私は有頂天になった。色刷りの本が少なかった頃であったから、その絵の美しさは目を見張るようであった。

絵本は、誰かに読んでもらわなければならなかった。父がまずあらかた読んでくれた。次は姉であった。だが、私にはその読み方が気に食わなかった。姉がどこを読んでいるのか皆目分からなかったからである。

「ここ、ここと指を指しながら読まんと、どこを読んでいるのか分からん。」と言って私は駄々をこねた。姉は面倒くさかったに違いないが、ここ、ここと指で示しながら読んでくれた。次は次兄に読んでもらった。また、ここでも、「ここ、ここと言わんな。」と苦情をいった。

家に居る全員に「ここ、ここ」と言ってもらいながら本を読んでもらった。上全部の姉兄に読んでもらった頃には、すっかり文章を暗唱してしまった。その代わり、私は、「ここ、ここ、ここ」という鶏みたいなあだ名をもらってしまった。

最後は、すぐ上の姉のところに絵本を持っていった。姉は小学校に入ったばかりであったので、文字を拾い読みすることしかできなかった。私は絵を見て諳《そら》んじた文章を再生するばかりであったから、読みは姉よりも数段私の方が速かった。私は得意満面であった。

「明日は、誰々ちゃんたちに見せよっと。」と、その日は絵本を抱いて早く寝た。あくる日、私はその絵本を抱えて、近所を回った。友達はもちろん友達の姉さんやおばさんたちにも見せて回った。そして、誰よりも速く読めるのが得意だった。それからというもの、私は父の給料日が来るのを楽しみに待った。今日が給料日だと分かると、何回も木戸口まで出て父を待った。

しかし、絵本を買ってきてくれたのは、その後二回ぐらいのものであった。二回目、三回目が、何の本であったかも記憶にない。けれども、「給料日には本を買ってくれた。」という父のいいイメージが、なぜかずっと心に残っているのである。

昔を思い出して兄たちと話すときも、

「お父さんは、給料日には、本を買ってくいやったがな（買ってくれたね）。」

「そうじゃったがね。」

と、給料日には、父がいつも本を買ってくれたかのように話すのである。思い出というのは案外こういうものなのかもしれない。

漫画・雑誌

漫画も本である

漫画雑誌の類は我が家には殆どなかった。そういう親の教育方針だったわけではなく、単に買えなかったということである。

それでも、年に一度か二度かは、子どもたちは、小遣いを貯めて雑誌を買うことがあった。そういう雑誌はいつまでも我が家には残っていた。兄たちが買った雑誌に「ぎんのすず（銀の鈴）」があった。薄い小さな本で、今にも表紙が破れそうな本であったが、兄たちには人気があった。

次兄は、雑誌についている付録が欲しくてたまらず、母に一生懸命に本をねだっていたことがあった。何日も粘ってやっとの思いで買ってもらったのは、「少年」という雑誌であった。お目当ての付録は、幻灯機であった。

兄は、早速、幻灯機を組み立て始めた、幻灯機は厚紙の箱を作り、それにレンズ

こんな感じだった
「冒険王」の
イガグリくん

と鏡を取り付けた簡単なもので、電球をその箱の中に入れて映すというものであった。フィルムを投影するのではなく、実物投影機みたいなもので、幻灯機のサイズより小さい印刷物なら何でも映すことができた。

兄は、昼間から近所の子どもを集め、雨戸を閉めて真っ暗にし、映写会を始めた。食台を立てかけ、そこに白い紙を張りスクリーンにした。自分で描いた絵や物語、あるいは缶詰のレッテルなどを映し出しては、兄が講釈師よろしく説明をするのであった。子どもたちは、初めて見る幻灯機の絵に釘付けになった。

夜は、電灯が我が家には一灯しかなかったので、幻灯機遊びはできなかったが、一度だけ、家族全員が集まって、幻灯機映写会が開かれた。次兄は得意満面、絶好調の講釈師になった。

私が小学校の頃は、『冒険王』と『少年』という二つの雑誌に人気があった。「冒険王」には「いがくり君」、「少年」には「だるま君」という柔道漫画が連載され、毎月必死で読んだものである。

私は、友達から借りて、毎月十日遅れくらいでこれらを読んでいた。ところが、雑誌は学習に不必要なものということになり、学校に持ってくることが禁止されてしまった。それ以来、友達から借りることもできず、続き物を見るのはあきらめなければならなかった。

しかし、同じ「冒険王」に連載されていた手塚治虫の「鉄腕アトム」は別冊付録にも度々なっていた。一晩十円の貸本屋などからそれらを手に入れて長く愛読した。私は、アトムよりはお茶ノ水博士のファンであった。

何度も読み返した漫画に「世界第三次大戦」があった。この本は、貸本屋が店じまいするときに、安く手に入れたもので、相当な厚さの漫画であった。人類が「氷爆」なるものを発明し、世界が凍りついてしまうという物語で、人類が人類の発明したロボットに支配されるという空想科学漫画であった。

漫画ではあるけれども、地球の平和とか戦争、あるいは人類と科学の発達などについて考えさせられたのである。私はこの本が気に入り、何回も読み直した。

作者は誰か分からないのだが、どうも「ドラえもん」や「おばけのQ太郎」の作者藤子不二雄ではないかと思っている。後年、彼等の半生を描いた漫画「まんが道」に、この「世界第三次大戦」とそっくりのさし絵があったから、そうだったのだと一人合点しているのである。

中学校一年生のとき、国語の先生が、

「これまで読んだ本で、印象に残っているものを話しなさい。」

と質問されたことがあった。私は、すぐさまこの「世界第三次大戦」の話をした。しかし、先生は、それが漫画の話であると気づかれると、一笑のうちに付されてしまった。

私にとっては意味ある問題意識の提示のつもりであったのだが、漫画は文学の前には相手にもされなかった。

我が家で読み物といえば、新聞であった。父などは隅から隅まで新聞を読み、新聞小説に気にいったものがあると、熱心な読者になった。川口松太郎の「新吾十番勝負」などは、次の日が待ち遠しい小説であったらしい。

その父が、なぜか三年間余り、『週刊朝日』の定期購読を始めた。母は物入りで必ずしも機嫌は良くなかったが、父が花を売ったお金で支払うということで黙認したようだった。その週刊誌は読み終わったら、本棚にきちんと並べられ保存された。

単なる週刊誌でも本として大切にする父の性癖であった。というより、家の中に余りにも物がなかったということから、週刊誌でも置くべきスペースがあったということである。

三年も経つと週刊誌は相当な量になった。私は小さかったから、定期購読していた頃はその週刊誌を呼んだことがなかったが、高校生になってから、その本棚の週刊誌を引っ張り出して読んだ。数年も前の週刊誌であったが、大人の世界を少し垣間見たような気持ちになり、面白かった。

姉たちは、『明星』や『平凡』なる雑誌を時々買って読んでいたが、親の前で読むのは、はばかられた。

「そういう雑誌は大人が読むもんじゃ。」ということであった。

ドクトル・チエコなる産婦人科医の書く、性の相談物が連載されると、好奇心に駆られて、親の目を気にしながら、秘かに何度も読んだ。

本

学級文庫事件と五線紙のこと

家に蔵書なるものはなかった。叔母の早世した旦那が残した本が、何冊か読み手もないまま本棚に並んでいるだけであった。記憶はあいまいだが「モンナ・ヴァン」と「デルタイ派の教育」という本の表紙が印象に残っている。「ウ」に点々がついている「ヴ」という文字が珍しく、どう読むのか分からなかったからでもあった。

本はもっぱら図書館や学校の図書室を利用した。小学校一年生のとき、初めて図書室の本を借りた。その日は、わざわざ教頭先生が図書室にいらして、話があった。「図書室は、皆さんのために、ただで本を貸してくれるありがたいところです。」ということを強調されたのを思い出す。

その頃の小学校一年生というのは、まだ余り字が読めなかったのである。幼稚園

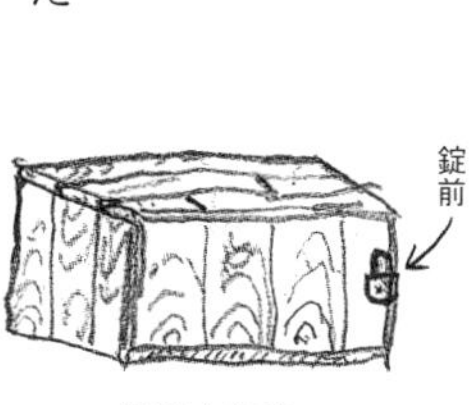

学級文庫箱

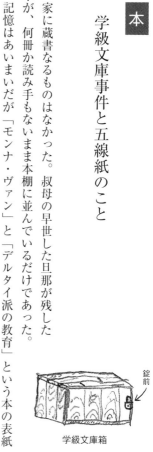

にも行っていない私もその内の一人であった。六年生の係が何を借りるのかと、少し急がせるので、本棚の中から、分厚くしかも少し難しいような、表紙が美しい本を選んで差し出した。本というものは、少し難しいものでなければならないという思い込みが私にはあったのである。

六年生の係は、一年生には読むのが無理だと思ったのか、

「本当に、この本でいいのですか。」と言うので、

「はい。この本を借りたいのです。」と私は少しむきになって言った。

ところが本当に一行も読めないのであった。どういう内容の本かも分からなかった。家に帰ると二番目の姉がいて、これは歌の本だといって、姉が少し読んでくれた。姉は本を見ながら詩を口ずさみ始めた。私にはちっとも読めなかったが、姉が喜んでくれたので、借りてきて良かったと思った。姉は、

「赤い鳥、小鳥、なぜなぜ赤い。赤い実をたべた。

白い鳥、小鳥、なぜなぜ白い。白い実をたべた。」

という詩を読んで面白い歌だと喜んでいた。

結局、この本は少しも読めずに返却することになった。読めない本は借りるもの

ではないということが分かった。

小学校の頃「カバヤ文庫」というものが流行った。カバヤという製菓会社が、キャラメルの箱の中にカバの絵のついたカードをおまけとして入れていた。普通のカバは一点、カバの子は五点、カバの大王は五十点などと点数化し、そのカードを集めて合計五十点になれば、本と引き換えてくれるのであった。

この商法は当たりに当たって、カバヤキャラメルは大いに売れた。というのは、カードは一点のカバばかりで、「カバの子」にもめったにお目にかかれなかった。私は何カ月もたって、やっと五十点にすることができた。

交換所に行くと、七、八十冊の本が棚に並んでいた。私は本を選ぼうとしたが、目移りして困った。何十分もあれやこれやと見比べた。店の人がうんざりとした顔で待っていたが、しまいには、

「選んだら、持ってきてください。」と言って奥に引っ込んでしまった。

結局選びに選んだ本は『鉄仮面』であった。デュマかボアゴベイのどちらの作品であったか忘れてしまったが、鉄仮面の冒険に心が躍った。

本と言えば、忘れられない学級文庫事件があった。

小学校三年生のときであった。各自の家にある本を持ち寄って学級文庫をつくることが流行った。同学年の三つの学級は競争するように本を集めた。

私の担任の先生は病気で長く休まれていたので、私の学級は他の二つの学級に振り分けられて勉強していた。そういう中で私たち三年二組の者は、子どもたちだけで話し合い、協力して本箱を作り、各自の家から本を持ち寄った。ようやくのことで自分たちの学級文庫が完成し、喜び合った。

ところが、あくる朝、せっかく集めた本が影も形もなくなっていた。皆は懸命になって探したが見つからず、落胆した。

ちょうど折も折、担任の先生が病院から退院されて戻ってこられた。分割されていた学級がまた元に戻り子どもたちは大変喜んだ。先生はまだ青い顔をされて、椅子に腰掛けられていた。久しぶりの自分たちの先生の前で、子どもたちははしゃいでみせた。ところが二日目には、また先生は病院に入院されてしまった。子どもには何のことかさっぱりわからず、皆がっかりであった。

ちょうどその朝、学級からなくなっていた本を読んでいる者たちが見つかった。隣の一組の学級の者たちであった。

「これは、自分たちの学級文庫のものだ。返してくれ。」

「いや、この本は自分たちがもってきたものだ。」

と言い争っていたが、私が自分の持ってきた本を指して、その内容や破れているページなどの特徴などを指摘すると、一組の者たちは反論のしようもなく、全ての本がまた私たちの学級文庫に返ってきた。

私は、一組の仕打ちに憤り、興奮していた。そのとき一組と三組の学級の先生が来て、あなたたちの学級の先生はまたお休みになるので、学級をまた分割して勉強するから机・椅子をそれぞれの学級に運びなさいと指示された。するとそのとき、

「しません。」

と大きな声で言った者がいた。私であった。

「勉強は自分たちでします。先生方のお世話にはなりません。」

と言って動かなかった。私が入った一組の担任の老先生は、えこひいきが強く、自分の学級の子どもだけをかわいがる先生であった。私には前々から鬱憤が貯まっ

ていたのであった。そして、今回の学級文庫の事件であった。

先生方にとっては、小学校三年生の小僧が何を言うかということになったのであろうが、私は後に引く気持ちがなかった。二人の先生はびっくりし、途方にくれたように、

「そういっても……」

と言いながら私を説得しようとされた。私の剣幕に、一組の老先生は何も言われなかった。沈黙が続いた。しかし、最後には、

「一緒に勉強しましょうよ。」

という、三組の女先生の優しい言葉に私は負けてしまった。

また私の学級は分割され、私は一組の片隅に机を並べることになった。

後日談になるが、私はその一組の老先生から通知表でしっぺ返しを受けた。小学校六年間を通じて私の通知表の評価は、大方4か5であったが、この一組の老先生から習った期間の評定だけは2と3であった。私はよほど小憎らしい、きかんたれの子どもであったのであろう。

小学校五、六年生から中学校にかけては、音楽家の伝記と空想科学小説、そして『怪盗ルパン』を読みふけった。学校の図書館にあるそれらの本は殆ど全巻読んだ。

音楽家の伝記の多くは、貧しくて五線紙を買うことができなかったなどという、五線紙にまつわる話が多かった。

ある夜、ラジオから流れてくるベートーベンの『エリーゼのために』を聞いて、私は、涙が出るくらい感動した。そして音楽家になろうと決心した。

「そうだ、五線紙を買わなければ。」と一番に思った。

「音楽家は五線紙なのだ。」

私は文具店に意気込んで行った。

「五線紙をください。」

「五線紙って、なんですか。」

五線紙も知らない。遅れている人たちだなあと思った。

「作曲に必要な五線の書いてある用紙です。」

「なあんだ、音楽のノートのことね。」と店員は事もなげに言った。

「いや、五線紙なんです。」と言いたい言葉を私は飲み込んだ。五線紙と音楽ノー

トでは高尚さが違うではないか。

ところがである。その音楽ノートの五線を前にして、私は何もできなかった。ト音記号も、音符の書き方も知らなかったし、何も考えることがなかった。第一、作曲したい旋律や音も皆目出てこないのであった。五線紙があれば音楽が出来るという私の幻想は、見事に消えてしまったのである。

空想科学小説は、宇宙ものにはまっていた。漫画の『鉄腕アトム』の影響もうけていたのか『ハンス火星に行く』などという宇宙冒険物語が好きであった。火星にはまだタコの親分のような生物がいると思われていた時代で、宇宙に大砲の弾で行くとか、アドバルーンに乗っていくとか、首をかしげたくなるような物語があったが、それなりに面白かったものである。そして、天文学者になることを夢見た。

小学校六年生の鹿児島への修学旅行で買ったものは、『小学生の星座の話』という、星座に関する本であった。古い製版で、文字も旧字体のものが使ってあった。唯一セロハン紙のカバーだけが、新しさを強調していた。五十円であった。

『怪盗ルパン』は中学校で殆ど読んだ。それまでにも探偵小説が好きで『怪人二十面相』や『明智小五郎』などを読んでいた。

モーリス・ルブランの『怪盗ルパン』は、ヨーロッパの古城を舞台に、不可能と思える事件を次々に起こしていき、捕まりそうになるところを危機一髪のところでまた逃走するという手に汗する物語であった。探偵にシャーロック・ホームズが出てくるが、ルパンとホームズのトリックや謎解きの応酬が面白かった。

探偵ホームズを主人公にしたコナン・ドイルの物語があるが、私の好みにあっていなかったのか、このシリーズは余り読まなかった。金持ちの鼻を明かす義賊にも似たルパンの方が、その頃の私の環境や気質にあっていたのであろう。

その他に、探検冒険物語や漂流記などを好んで読んだ。当時は、このような物語がよく雑誌の付録になってついてくるものであった。何カ月も前の付録で打ち捨てられているようなものを近所から貰って、私は何回も何回もそれらを読み返した。「ロビンソン・クルーソー」や「ジョン万次郎」などの漂流記、「ナンセン」や「アムンゼン」「スコット」「白瀬大尉」などの極地探検の物語や「コロンブス」「クック」「マゼラン」などの航海物語。そして「海賊キッド」や「ドレイク」などの海賊の物語など、冒険物語は小さな少年の夢をかき立てるのであった。

バリカン

くりくり坊主

高校三年生の十二月まで、私の頭は丸坊主であった。小学校は頭髪の規制はなかったが、中学校になると、男は丸坊主であることという校則があった。小さいときから坊主頭の私は、そういう校則にも少しも違和感がなかった。しかし、小学校のとき坊ちゃん刈りなどをしていた者にとっては、中学校で坊主頭になることには、抵抗があったようだ。

私の頭を刈ってくれるのは、父であった。高校三年生の八月に父が亡くなるまで、床屋には行った記憶がない。小さいときから高校までずっと父が頭を刈ってくれた。我が家にはバリカンがあった。バリカンの形は一種独特で、一目でそれと分かった。ばね仕掛けで、歯がカチカチと小気味よく鳴ったし、指をかけ易いように工夫した柄が、バリカンの形を特徴付けていた。

バリカン

バリカンには柄の長い両手用のものもあり、植木職人が刈り込み鋏《ばさみ》で植木を剪定するように髪を刈った。しかし、刈った跡が筋のように残り、評判が悪かった。

「バンコ（縁台、腰掛）とタオルを持って来い。」

と父から言われると、頭摘みであった。頭を刈ることを私たちは「頭摘ん（あたまつん）」と言っていた。

バンコに座ると、父はタオルを首に巻いてくれた。そして、頭を左手で支えて、バリカンを額の真ん中から入れるのであった。最初はいいのだが、しばらくすると切った髪が首筋に入ったりして、あっちこっちがむず痒くなった。身体をゆすってかゆさを我慢しようとすると、

「じっとしておれ、摘んがならんが。」

と、父は叱責した。そして耳の後ろなど、難しい部分を摘むようになると、まだ髪が切れていないうちにバリカンを上げようとするので、髪が引っ張られて痛かった。苦情を言うと、

「お前がじっとしていないからだ。」

となお怒られた。そこらあたりになると父の散髪技術の未熟さが露呈されてくる

のだが、父は怒ることによってそれを隠そうとしていた。最後は父と私の小言の言い合いで終わった。

「そげん、こごつ（小言を）言うとやら、も、摘んでやらん。」

と言うのが父の最後の捨台詞《すてぜりふ》であった。無料《ただ》でやってもらっているのだから仕方がないことであった。

私の家のバリカンは、俗にいう一分刈りのバリカンであった。同じ丸坊主でも床屋に行く友達は三分刈りや五分刈りなどをやってもらっていたが、一分刈りは一番短い刈り方で、カミソリで剃ったように、頭がてかてかのくりくり坊主になるのであった。それだけに、刈る技術がないとバリカンの通った筋が残った。

二、三日すると全体に髪が少し伸びて、そのまだらは消えるので、私は頭摘みが終わった途端、早く日が経ってほしいと願った。

父は自分の頭を自分で刈る芸当を持っていた。鏡の前に座り、バリカンを持って自分の頭を刈り出すのである。後ろのほうも手鏡で写しながら、バリカンを運んだ。小一時間後には、くりくり坊主の父が出来上がっていた。

バリカンは、小さな歯をたくさん持つ上歯と下歯がかみ合って一度にたくさんの髪を刈る仕組みであったから、一部分でも切れないところがあると、髪を引いて痛かった。バリカンの構造は簡単なのだが、調整や修理は素人には難しかった。

年に一度は専門の床屋に、バリカンを研ぎに出した。その床屋は修理が仕上がると、

「これで一年は大丈夫です。」

といって自信をみせた。事実切れ味が良くなり、バリカンの「カチカチ」という音が心地よかった。その頃の床屋は、散髪だけでなく、使う道具も自分で直せるだけの技術をもった職人であった。

自転車

失対労働者の現場は遠かった

我が家に自転車が来たのは、昭和二十五、六年の頃、兄が大工になって、現場が遠くになることがあり、買ったものである。それまで兄は、大工の道具箱を肩に担いで、歩いて行き来していた。道具箱にはカンナやノミ、カナヅチといったかなり重たい道具が入っていたので、体の小さい兄は苦労した。兄はその自転車を月賦で、やっとの思いで買ったのである。

自転車が来ると、一家中でその自転車を大切にした。磨くのは私の仕事であった。自転車油を差し、ぼろ布で拭くとつやつやとした光沢が出てくるので、磨き甲斐があった。「美ごち自転車やな（きれいな自転車だね）。」と褒められると、なお一層磨きたくなるのであった。自転車は夜になると盗難予防のために縁側に上げられ、そして雨戸が閉められた。厳重そのものの保管であった。

二台目の自転車は、母が買うことになった。失対労働者の仕事現場は、毎日変わった。川で砂利取りがあったらその砂利を道路に撒《ま》く仕事、公園の草取りなど、広範囲に現場が散らばり、家から優に一里以上も離れた遠い所もあった。現場への移動は自転車の者は自転車で、母のような者は徒歩で行かなければならなかった。

失対の仕事は朝早くに安定所に出かけ、仕事の割り振りを受けてから現場に移動し、そこで夕方五時まで働かなければならなかった。そこから歩いて帰ると、七時前後になった。冬は、もう真っ暗であった。小学校低学年であった私は、母が暗くなっても帰らないと、心配というより寂しくてたまらなかった。一度は、何かのきっかけでその寂しさに耐えられず、泣き出したこともあった。暗がりの中から家の電灯にひょっと母の顔が照らされたとき、私は安心して、ぴったりと泣き止んだ。

そういうこともあって、母は自転車を買う決心をした。しかし、母はそれまで自転車に乗ったことがなかったのである。兄の自転車で練習が始まった。

夕方、近くの学校の運動場に行き、母が自転車に乗ると、私たち子どもが後ろの荷台をつかまえて支えた。何度か転びながらも、一週間も経つと母はどうにか一人で乗れるようになった。しかし、当時の道路は殆ど砂利道であったから、初心者が自転車を乗りこなすのは容易なことではなかった。何度か、仕事に行く途中に、母は砂利にタイヤを取られて転んで、かすり傷を負った。

母の自転車の練習につき合いながら、私も自転車のペダルをこぎたくなった。だが、兄の自転車では、サドル（鞍）が高く足がペダルに届かなかった。

その頃、子どもたちは、三角乗りというものをしていた。左手でハンドルを握り、右手で鞍を抱え、右足は自転車の車体の三角部分の中からペダルを漕ぐのである。私も、その三角乗りで練習して、自転車に乗れるようになった。三角乗りで自転車を漕ぐのは不恰好ではあるが、歩くよりは楽な、そして楽しいものであった。

しかし、その頃の自転車の後輪ブレーキは、ペダルを逆回転させて止めるというもので、三角乗りでは不便であった。しかも、中古の自転車では、ペダルを逆回転させてもブレーキがかからずペダルが空回りすることが多く危険であった。そういう時はペダルから足を地べたに下ろして、止めなければならなかった。

自転車は、母や兄の仕事上の必需品であったから、私たち子どもがいつも乗れるわけではなかった。母たちが仕事から帰ってきてからか、休みのときにしか乗れなかったのである。

学用品
遊び道具

はちまき

腰巻が鉢巻

小学校・中学校で忘れがたい行事は秋の大運動会である。運動会のはちまきは、心を引き締め、闘争心を搔《か》き立てるうえで重要なものであった。運動会は紅白に分かれての対抗戦であった。はちまきは、表を赤とすれば、裏が白というように、一本のはちまきで紅白どちらにも使うことができた。

我が家のタンスには、表は赤であるが、裏は三分の二が白、残り三分の一が赤という奇妙なはちまきがあった。なんたるはちまきかと子ども心に思っていたが、このはちまきは、姉や兄たちの苦労の証ともいうべき記念品であった。というより、両親の苦悩を物語る形見であるのかも知れない。

姉や兄たちの運動会のとき、母は自分の赤い腰巻を裂いてはちまきを作ったのだが、裏を白にする布がなかった。やっと見つけた白い布がそのはちまきの三分の二

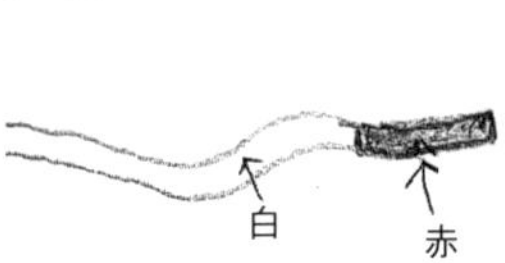

はちまき

の長さにしかならなかった。仕方なく残りは赤にせざるを得なかった。頭に巻いて結んでしまえば、まあ、白団と判別できないわけでもなかったが、白の中途から赤になるというのは、どうもしまりがつかない。しかし、姉兄はそのはちまきを締めて走ったという。

運動会前になると学年によっては、学校ではちまき作りが家庭科の時間などに行われた。赤と白の布と物差しをもって来いとあった。赤布と白布がありさえすれば簡単に縫い合わせることができた。しかし、それを裏返しにしなければならないのには難渋した。いわゆる袋縫いの技法である。ものさしを突っ込みながら、じわりじわりとはちまきの端から裏返しにしていくのである。裏返しが完全にできても、最後は、はちまきの端をまつり縫いにしなければならず、子どもには難しく根気のいる作業であった。

家ではその後、ちゃんとした紅白のはちまきが一本作られたが、子だくさんの家、そのはちまきをめぐって、また兄弟姉妹が苦悩した。

運動会の練習が佳境にはいると、入場行進や全校体操など、はちまきを締めて演技するように強い指導がなされるようになった。我が家の子どもたちは一人がはちまきを締めると、他の者は締めるべきはちまきがなかったのである。

当然、学校では、

「なぜ、はちまきをしてこないのか。」

「明日は、ちゃんと持って来い。」

という指導を受けることになった。

兄は泣く泣く、家で親にそのことを話すと、父は烈火のごとく怒るのであった。

「はちまきは、走るときどっちが赤か、白か、分かればいいのだ。」

「走るときに兄弟で融通しあうのが、なぜ悪いのか。」

何か、分かるようで、的を射ない、どうしようもない父の怒りであった。

「よし、そげん言うとなら、明日先生に言ってやる。」

とさらに声を荒らげるのであった。

父が学校にくれば、なお恥ずかしい思いをしなければならないのは子どもたちであった。父を絶対に学校に行かせてはならない。子どもたちはもう黙るしかなかった。泣きながらこらえた。先生になんと言い訳すればいいのか胸を痛めた。

その晩、母は、また自分の腰巻をほどき始めた。

ランドセル

入学前夜のランドセル事件

小学校の入学式が近づくと、近所の友達は、ランドセルを買ってもらったと、いち早くみんなに披露するのだった。「おれんた（わたしのは）、いつ買ってくいやっとじゃろかい。」とうらやましさと不安が交錯していた。

町の製糸工場に働きに出ていた二番目の姉が帰ってきて、「町に行こうか」と私を誘った。お菓子でも買ってくれるのだろうかとついて行くと、着いたのはかばん屋であった。ランドセルが店頭にたくさん並べてあった。

「どれでんいいが、好きなとを選ばんね」と姉。

もう有頂天になった。どれを選んでいいかわからなかった。遠慮があったのか、安いものを指差した。

「もちっと、いいとでいいが（もう少し良い物でもいいよ）。」

と言って、姉は革製品の方を見始めた。革のランドセルは、無地で黒か赤一色で、絵などは描いていなかったので、欲しいという気持ちがあまり湧かなかった。

今度は野球のピッチャーがボールを投げている絵が描いてあるランドセルを私は指差した。今考えると、絵は大きく派手であったが、ランドセルの材質がいかにも安っぽかった。姉はもう少しましなものを買おうと私を促したが、私はこれがいいと言ってきかなかった。なぜそうしたのか自分でもわからない。

しかし、ランドセルを買ってもらったことで、俄然学校に行きたいという気持ちが高まった。親が止めるのもきかないで、私はそのランドセルを背負って近所を散歩した。うれしかった。他人にみせたかったのである。

いよいよ明日が入学式という日の夕方、またランドセルを背負って散歩に出かけた。ところがどうしたことか、担いでいたランドセルのベルトの一本が付け根からとれてしまったのである。

さあ大変、家族中が集まって修理が始まった。鋲《びょう》で留めてあったものが外れたのであった。残っていた鋲にベルトを差し込んで鋲をつぶそうとするが、なかなか手ごわい。代わる代わる試みるがどうしてもできない。何時間も経った。暗雲が立ち

込めだした。明日の入学式はどうなるのだろうかと不安でいっぱいになった。そのとき、兄が、

「鋲がだめなら、ネジで止めればいい。」

というアイディアを出した。早速小さなボルトとナットを見つけてきて試みると、簡単に取り付けることができた。家族全員が安堵の胸をなで下ろした。

このランドセルはその後も何度もベルトが外れた。使っているうちにネジが緩みだし、ナットがなくなってしまうからであった。そのたびにボルトとナットを古い道具箱から見つけて修理した。何回も経験すると、自分でも簡単に修理できるようになった。このランドセルは、小学校四年生まで使った。その頃には、ピッチャーの絵もところどころ剝《は》げ落ち、あわれな姿になっていた。

私は末っ子で、しかも姉や兄たちとずいぶん年の差があったせいか、兄や姉たちに可愛がられて育っている。何かの節目、節目には、姉か兄が不思議と現れた。

高校を卒業するときは長兄が革靴を買ってくれた。初めての革靴だった。卒業式にはその革靴を履いて式に出た。成人式が近づいたとき、また兄が帰ってきて背広

を買ってくれた。これも初めての背広であった。この背広は長く着て、今でもタンスに吊してある。

就職するときは、長姉が二枚目の背広を買ってくれた。そして赴任先に行くとき、長兄はレコードプレイヤー付ラジオを買ってくれた。家の古いラジオを持って行きたいとは言っていたのだが、新しいものになっていた。なんといえばよいのか、ありがたさを通り越して、何か、申し訳ない気持ちになるのであった。

キャンプに行くと言うと、姉たちが大きなリュックサックを作ってくれ、缶詰やお米を持たせてくれた。こういうことは数え上げれば限《きり》がない。

親が何もしてくれなかったというわけではない、親は子どもを成長させるために必死に働いていた。しかし、いつも貧乏であったということである。だから、姉や兄たちには、自分たちが苦労したことをこの弟にはさせたくないという気持ちがどこかにあったのであろう。

節目に姉兄が現れるのはそのせいかもしれない。しかし、そういう思いにあふれた姉や兄たちを育てたのは、両親の姿なのである。

クレヨン

押しかけアルバイト

クレヨンは小学校に入学したときに、確かに買ってもらった。しかしその後、親からクレヨンやクレパスを買ってもらった記憶がない。

よく使う色はすぐになくなり、少し経つとクレヨン箱には余り使わない寒色系のクレヨンと、折れたり汚れたりしたクレヨンが数本残っているだけということになった。

小学校二年生の頃、担任の先生が研究授業で紙芝居の授業をするので、絵を描いてくるように数名が先生から指名された。そのうちの一人に私も入っていた。健康な生活とかいう題の紙芝居で、私は朝日に向かって体操をしている絵を描くことになった。

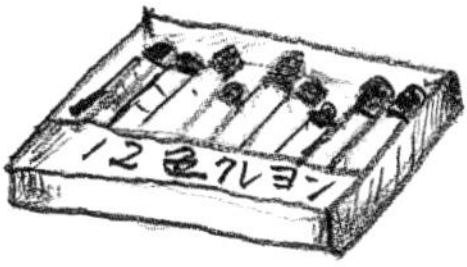

12色のサクラクレヨン

何かの雑誌を参考にしてその絵を描くことにしたが、自分のクレヨン箱には必要な色がもうなくなっていた。赤い朝日を黄色でごまかしたり、緑の木も青で塗ったりした。構図は自分なりに満足していたが、学校で友達にその絵を見せると、

「あなたの絵の太陽は野原から出ているが、太陽は山からでるもんじゃ。」

「朝日はこんな色じゃない。」

「木は緑色をしているもんじゃ。」

散々な評価であった。確かに自分が住んでいる盆地では太陽は山から出ていた。仕方なく、山から出ている太陽に描き直した。山は青で塗ったので、木の色と同じになってしまった。朝のすがすがしさがなくなり、妙に青黒い絵になってしまった。後日、その絵は紙芝居の一枚となって、研究授業で発表された。他の先生方からの評判は良かったようだ。しかし、私の絵は、ほかの人の絵より、色が少なく、暗かった。

ある日のこと、近所のおじさんが兄に、

「池を清掃するので手伝ってくれないか。」

と話しているのを聞いた。アルバイト料も出すということであった。

それを耳にした私は、頼まれもしないのに、よしオレも行こうと、自分勝手にその場で決心した。

あくる日、兄たちがスコップなどを持って出かける後を追いかけ、そして作業が始まると、ざるを持って、泥や石を運ぶ加勢をした。小さな子が傍でうろちょろしてかえって邪魔になっていたのかもしれないが、おじさんは黙認してくれた。

さて、その日の夕方、兄たちは百円なにがしのアルバイト料を貰った。自分は貰えるのだろうかと、半分はあきらめ、半分は大きく期待しながら待っていた。多分物欲しそうな顔をしていたのであろう。すると、その家のおばさんが、

「ごくろうさんじゃったね。」

と言って、五十円を下さった。

私はその五十円を握るとすぐ文房具屋に走った。欲しくて欲しくてたまらなかったものが手に入った。

十二色の「さくらクレヨン」はちょうどの五十円だったのである。

えんぴつ・筆入れ

不揃いの鉛筆たちと手製の筆入れ

鉛筆は三本、消しゴム一個、色鉛筆一本、鉛筆削り用ナイフ一個を筆入れの中に入れておくのが、その頃の小学校の標準であった。しかし、私の筆入れの中にはなぜか、それらのうちのどれかがいつも足りなかった。しかも鉛筆の芯がいつもとがっているとは限らなかった。

その頃の鉛筆は粗悪品が多く、木が硬かったり、妙に木がそがれたりして削り難かった。「トンボ」とか「コーリン」とか「三菱」といったメーカーのものはさすがに良い木が使ってあり、削りもスムーズであったが、私の使う鉛筆はどこのメーカーのものか分からない安物であった。芯も妙に硬かったり、折れやすかったりした。中には、ノートの紙を引っかくような異物が混じっている芯の鉛筆もあった。

そういう鉛筆でも大事に使った。研いだ鉛筆の芯が折れないようにと、セルロイ

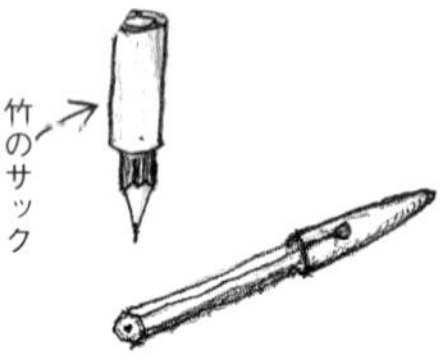

鉛筆サック（アルミ製）

ドや金属製のサックを大方の者がかぶせていた。ところが、そのサックを飲み込んでしまい、窒息死する事件が起こり、サックの頭に空気穴を開けるなどの工夫がなされた。

サックは、芯が折れないようにするだけでなく、短くなって使いにくくなった鉛筆を長くして使う道具としての役割があった。そのための長いサックもあったし、専用の道具も売り出されていた。

そういう道具を買えない私の家では、竹で鉛筆サックを作り、短い鉛筆を最後まで使おうとした。鉛筆の太さに比べて、竹の太さは大きいものとなり、すこぶる書きにくいものとなった。鉛筆が三、四センチになるくらいまで使ったが、さすがにそれ以上は使う気持ちが起こらなかった。そのくらいになると新しい長い鉛筆が欲しかったし、親にもねだることができた。

小学校二年生のときであった。その日は鉛筆が二本、そして赤と青が真ん中で分かれている色鉛筆が一本しか筆入れになかった。しかも鉛筆の芯はちびていた。どうしたことかその日は、受け持ちの女先生の機嫌があまり良くなかった。黒板に物語をどんどん書き始めたかと思うと、これをノートに写しなさいという。皆、必死になって写し出した。

先生は黒板の端まで書いたら、前のほうを消して、また書き出した。私のちびた鉛筆の芯はもう木の中に隠れてしまった。木の部分を手で何とか剝き、芯をかき出しかき出しながら自分なりに必死に写した。

ところが私が書いている行まで先生は追いつき、黒板を消そうとされるのであった。

「まだ、写していません。」

と私は叫んだ。

私が一行書き終わると、その一行を先生は消していかれた。何回も、「まだ写していません」を繰り返した。

もう鉛筆は完全にだめになってしまっていた。ついに決心をした。青鉛筆は芯がとがっていたから、よし青鉛筆で書いて、スピードをあげようと思った。

先生は物語を黒板の端から端まで二回にわたって書かれ、写した人は持って来なさいといわれた。友達の何人かは、すぐに持っていった。私はようやく一回目の部分が写し終えた頃であった。

そのうちに授業終了の鐘がなってしまった。写し終えていないのは、私ともう一人の女の子であった。二人は黒板の前に立たされた。女の子はほぼ写し終えており、しかもきれいな文字で書いてあった。

私のノートを見て、先生は顔をしかめた。文字は乱雑、しかも遅い、まして途中からは青鉛筆。何たることかということになった。そして、先生は、「班長のくせに」と言いながら、そのノートで私の頭をたたいてくださった。

他人からたたかれたのは、これが初めてであった。涙が少し滲《にじ》んだ。


筆入れは私にとっては「フデーレ」であり、「筆入れ」という漢字はどうも似つかわしくない。

入学のときに買ってもらったフデーレはセルロイド製で、青紫の立派なものであった。それが私の持ち物で自慢できる唯一のものであった。

ところが三年生の頃、この筆入れのふたが真ん中から二つに割れてしまった。

母は、私に線香を持って来させ、ふたの割れた縁に沿って、線香でいくつか穴を開けた。その穴に毛糸を通し二つに割れた筆入れのふたをつないでくれたのである。模様がついたようで、少し照れくさかったが、ふたとしての機能は十分に果たしていた。

四年生の図工の時間に、風景の写生があった。風があって、写生にはいい日ではなかった。鉛筆でまず下書きを始めた、しばらく経って、ふと足元に置いた筆入れを見ると、ふたがなかった。風に飛ばされたのだろうか、あっちこっち探したが見当たらなかった。範囲を広げて探してみたが、結局見つけ出すことはできなかった。

今度は、母は馬糞紙を見つけてきて、筆入れの本体を包むように折り目をつけ、キャラメルの外箱のようなものを作ってくれた。筆入れを引き出し式にしたのである。

最初のふたは、かまぼこ状の形をしていて、ものを入れるにもゆとりがあったが、今度の引き出し式筆入れは、高さがなく、ものを入れるには不便であったが、仕方がなかった。

私は、馬糞紙に青の色を塗って五年生まで使った。周りの者が、

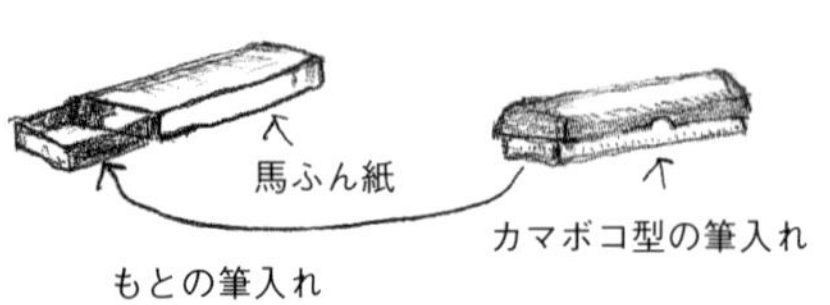

「辛抱して使っているね。」

と、半分はほめ言葉で、半分は貧乏だねと言っているような言葉をかけてくれた。こういうことは、黙っていてくれた方がどんなに気が楽であることか。したくてやっているわけではないのである。

母の苦労と苦心の作を思うと、乱雑に扱うことができなかっただけのことである。五年生を終える頃、塩化ビニール製の筆入れを小遣いで買った。今度の筆入れは粘性があり、少々のことでは壊れない丈夫なものであった。

その筆入れは、五十年近く経った今でも私の机の引き出しの中にある。現役である。

教科書

花が教科書になった

教科書を読むことの喜び。教科書を買うことの苦しみ。教科書を見ると、私にはさまざまな想いが交錯する。

我が家にとって二月と三月は戦々恐々の月であった。学年末が近づくと、学校は教科書購入表というものを各家庭に配布した。その購入表には、次の学年で使う教科書名と値段が書いてあった。その表の重大な関心事は、前年度の教科書が使えるかどうかということであった。国語はＯＫ、社会はダメ。算数もダメ。ダメが多くなるとため息がでてくるのであった。

三学期になると来年度に備えて、国語は誰々ちゃんから譲ってもらえる、社会は姉のものを使えそうだとか、約束や計画を立てていたのだが、表を見て、こんなに前年度の教科書が使えないとなるとどうしたものかと、親の顔色を窺《うかが》うのであった。

新聞紙カバー

今は無償制度により教科書は無料《ただ》で配付されるが、私の学校時代はすべて自費で購入しなければならなかった。子どもの多い我が家には相当な負担であった。父は、納税と教育という義務に対しては忠実な履行者であったので、どんなことがあっても教科書は買ってはくれるのであるが、家には、ただならぬ重苦しい空気が流れてしまうのであった。

まず、購入表には、一括購入ですか、分割購入ですか、とあった。そして、購入する教科書に丸をまわして、購入表を販売日に持っていくようになっていた。

販売日には書店が学校に来て教科書を販売した。一括購入の友達は意気揚々として、新しい教科書を見せて回った。我が家では、今家にある金で買えるだけの教科書を買うという方式であった。それでも両親は、国語と算数だけはできるだけ一回目の販売日に買えるように都合をつけてくれた。

教科書を買うお金の大部分は、父が庭で作っていたデイジーやパンジーなどの花を売って得たお金であった。

父は花つくりが好きで、また上手であった。春になり、花が咲くとそれは見事なもので、通りかかった人たちが買いに来た。全て一株十円で売った。しかし、人が買いにくるのを待っていては、幾らにもならなかった。そこで、父は三〇センチ四方の底の浅い箱を木で造り、その箱に四十株くらいの花を一株一株新聞紙に巻いて入れ、私たちに売ってくるように命じた。

私は三つ上の姉と一緒に、町へ売りに出た。途中、姉は顔見知りの友達に会うと、恥ずかしいといって隠れることもしばしばあった。花売りになったものの、「花はいかがですか」などという言葉を発することはしなかった。できなかったのである。ただ黙って、花の箱を持ち、誰かが気づいてくれるのをひたすら待っているだけであった。誰かが呼び止めてくれて、花を見せていると、二、三人が集まってきて、花を買ってくれた。

病院にも行った。ここでも誰かが気づいてくれるまで、じっと待っていた。入院患者のいる病院では、一人が買ってくれると次々と買ってくれる人が現れた。「五株買うから、四十円にしてよ」という人もいたが、私たちはただ黙っているだけで反応できなかった。あきらめて客は五十円を払ってくれた。

全部売れることもあったが、いっこうに売れない日もあった。全部売れたときは、父の機嫌はよかった。売れないで花を持って帰ると、「こげな、よか花を」と言って後の言葉を飲み込み、機嫌が悪くなった。「なんで買わないのか」「何で売ってこれないのか」、と言いたかったのであろう。

花を売って得たお金を、父は竹で作った貯金箱に入れていた。少し貯まると父はその貯金箱を割り、その中から教科書代を出してくれた。

竹の貯金箱

新しい教科書が手に入ると、家では早速、新聞紙で教科書の表紙のカバー作りが始まった。汚れないように、大事に使いますということであった。ひょっとすると、この教科書を来年また誰かが使うことになるのかも知れないのであった。新聞紙のカバーができると、字の上手い次兄が墨で、国語とか算数とか書いてくれた。

それから、じっくりと教科書の中を眺めるのであった。やはり新しい教科書はインクの匂いもかぐわしかった。一ページ一ページをなでながら読んだ。

小刀

小刀は子どもの必需品

小刀は子どもの必需品であった。鉛筆を削るのも小刀であったし、果物を割ったり、皮をむいたりするのも小刀であった。

私たちが使う小刀には「肥後守」という文字が大抵彫ってあった。安いものは十円程度で手に入ったが、今のカッターナイフのようには切れ味がよくなかった。しかも使い捨てでなかったので、時どき、砥がなければならなかった。こういう行為をすることによって、次第に自分の持ち物としての愛着がでてくるのであった。

学校で小刀を取り締まるということはなかった。小刀を物騒なものに使うという発想がなかったからである。時に喧嘩などで小刀をちらつかせる男もいたが、そういう男は弱虫で卑怯なやつという烙印が押され、蔑まれた。だからめったなことに

小刀は使えなかったのである。

小刀は竹細工において、なくてはならない道具であった。その頃、竹はどこにでも生えていた。川の土手などにも自然に生えており、持ち主が誰かも余り分からなかったので、自由に竹を切り、工作した。竹とんぼ作りに始まり、凧《たこ》、模型飛行機、そして究極はメジロのかご作りであった。

竹細工の一番の仕事は、ヒゴ作りであった。このヒゴ作りがうまくいかないと、メジロのかごなどはとても作れるものではなかった。しかもものすごい数のヒゴを削っていかなければならなかったのだ。兄たちはこのかご作りに度々挑戦していた。

「落とし」といって、メジロを捕まえる仕掛けのあるかごを作ることもあった。

その頃はメジロを飼うことが流行っていた。木の枝の先にみかんを突き刺し、その下の枝に「やんぼっ（鳥もち）」を塗っておくと、みかんを食べにきたメジロが、「やんぼっ」にくっつくという簡単な仕掛けであった。今はメジロを捕るには禁止に近い制限があるが、その頃は比較的自由であった。捕まえたメジロは大切に育てられた。そして、鳴き声大会などにも出場させることもあった。

年少の私たちは、「やぐら（櫓）」作りに小刀をよく使った。やぐらといっても、川端の土手の竹林に行き、竹を切ってそこに囲いを作るだけの簡単なものであった。そのやぐらで、日がな一日、柿を食べたり、トンボ（アケビ）を見つけて食べたりして過ごすのである。それぞれが自分のやぐらを作り、陣地に見立て、陣取り合戦のまねをすることもあった。

竹を切るときに手を切ることも多かった。小刀の刃が滑って指に直接当たることもあったし、竹が割れてささくれ立った繊維で、手をきることもあった。大きな怪我でない限り、血止め草なるものを見つけて、その搾り汁を傷に塗って済ますことが多かった。赤チンがあれば上等であった。

痛いことは痛かったが、我慢するしかなかった。それでも結構、傷は治っていった。その代わり手足のあちこちには治りかけの茶色のかさぶたがたくさんあった。

もう一つの流行は、模型飛行機作りであった。学校でも図工の時間や放課後に模型飛行機作りをした。上原飛行機屋という店があって、そこにいくと、ヒゴやプロペラなどをセットにして売っていた。しかし、今のように単にキットを組み立てればいいというものではなく、ヒゴを折り曲げたり、飛行機の胴体を小刀で削ったりしなければならなかった。

ロウソクをともして、そこにヒゴをかざし、暖めながら飛行機の羽の先端のカーブを作るのである。暖めが弱いとヒゴはなかなか曲がってくれない。かといって、ロウソクの炎に近づけ過ぎると焦げて、最悪の場合には燃えてしまうのであった。

設計図の形になるように何度も何度も、ロウソクに近づけては曲げ、曲げては近づけることを繰り返した。形が整っても実際に飛ばしてみると、無残な結果が待っていることが多かった。飛ばずにすぐに落ちるもの、頭から地上に落下するもの、片方に傾くものなど、さまざまな欠陥が見つかった。その試験飛行の段階で無残にも壊れるものもあった。

試験飛行の結果を受けて調整が始まった。飛行機を軽くしたり、釣り合いを取ったりするために、子どもたちはさまざまな工夫をした。どこをどう削るのか、羽をどうそらせばいいのかなど、試行錯誤の連続であった。

そうして飛行機が完成すると、最後には飛行機大会に出て、飛行距離や滞空時間を競うのであった。

小刀は、子どもの生活になくてはならない道具であったのである。

ラムネ

遊びにも男の意地

ラムネといえば飲み物のことを指すが、私の地方の子どもたちにとっては、遊び道具のラムネ玉のことである。清涼飲料水のラムネのビンの栓はガラス玉でしてあるが、その玉と似ていることからつけられた名前であろう。ガラス玉（ビードロ玉）ということからビー玉とも言われているが、私たちはもっぱら「ラムネ」であった。

ラムネには、単にガラスを溶かして丸めた青緑色の安いラムネもあったが、透明のガラスの中に、赤や黄色の模様の入った高いラムネもあった。大きさには大と小の二つがあった。

子どもたちの遊びは、誰が流行らせるのか知らないが、どこからとなく流行が起こり、そしていつの間にか廃れていくのであった。たぶん、近くの駄菓子屋と卸商が結託して、店にラムネを並べておくと次第にラムネが流行っていくのであろう。

カッタ（メンコ）

小突き用にカットしたカッタ

子どもの世界は、何でも流行りだすと、その物をたくさん持っている者が優越感に浸ることができるのであった。金持ちの子は、お金でたくさん買うことができたが、そういう者は、うらやましがられても尊敬はされないのが子どもの世界であった。勝負してラムネをどんどん増やしていく者が本当の勇者であった。

ラムネの勝負は、地面に放り投げられた相手のラムネに自分のラムネを投げて当てると勝ちであった。当たると相手のラムネを貰うのである。投げ方にはいろいろあって、立って目の高さから投げて当てる方法、地面すれすれから相手のラムネに向かって投げる方法、あるいは、足元に置いた相手のラムネに目の高さからラムネを落として当てるというものもあった。

もう一つの遊び方は、地面に野球のベースのように四つの小さな穴を掘り、ラムネをホームの穴から一塁の穴、二塁の穴と入れて行き、早くホームに戻った者が勝ちというものであった。その間にゲートボールと同じように、相手のラムネに自分のラムネを当てて蹴散らし、相手の走塁を妨害するのであった。このゲームは、ラムネの技術とともに作戦の上手下手に勝負がかかっていて、結構頭を使わなければならなかった。

こうしたラムネ遊びの流行も、ラムネのやり取りがエスカレートして問題視されてくると学校で禁止令が出され、廃れていくという道筋をたどるのが普通であった。持っているラムネで遊べなくなると、ラムネを風呂の火の中に投げ入れ、熱くなったところで急に水につけると、ラムネに無数のひびが走り、そのひびが白い模様となって、美しかった。しかし、そのラムネはもろくなり、割れやすく危険であった。この遊びもまた学校で禁止されるようになった。

カッタとは面子（メンコ）のことである。ラムネと同じように子どもの遊びとして流行った。運動会の時期に流行ったような記憶がある。運動会にはよく出店が出て、風船やピストル、水鉄砲などのおもちゃや駄菓子を売っていた。その中にカッタもよくあった。

カッタには、その頃流行の役者や相撲、野球選手などの絵が描いてあった。阪東妻三郎、嵐寛寿郎の鞍馬天狗、相撲の照国、野球の川上哲治などがあった。

自分の好きな人物の絵が描いてあるカッタは大事にした。カッタには円形のものと長方形のものがあったが、円形のほうが格上であった。

カッタの勝負には、「裏返すっと」というのがあった。地面に置いてある相手のカッタのそばに自分のカッタを打ちつけて、相手のカッタが裏返ると勝ちで、そのカッタを貰うというものであった。相手のカッタにいかに風圧をかけることができるか、力と要領が必要であった。

もう一つの勝負には「こづっと」があった。これは、適当な広さの板の上に「種」となる小さな円形のカッタを置き、その上を相手と決めた勝負する枚数のカッタで覆い隠し、カッタを交互に打ち続けることによって、「種」を板の上から小突き落した者が勝ちであった。

勝った者は、種を覆い隠したカッタをみんな貰うことができた。勝負は十枚くらいから多いときは三十枚、五十枚にすることもあったから、必死で相手と戦った。そのために、打ちつけるカッタは普通は大きな円形のカッタを使ったが、早く「種」を小突きだすために、さまざまな工夫を凝らした。

覆っているカッタの下に滑り込んで「種」を突きだすために、油やロウをしみ込ませ、滑りをよくしたカッタや、種に当たるように先を少し折り曲げ抵抗力をつけたりするなど、勝負の場面、場面で打ちつけるカッタの種類や攻略法を考えなければばならなかった。

中には悪い者がいて、きょうは絶対に負けたくないと思ったら、「種」のカッタを入れるときに、そのカッタに飯粒をつけて板に貼り付けるのである。必死で種を突き落とそうとするが「種」のカッタは微動だにしないのであった。疲れ果てて引き分けにした。

近所に少し札付きの、年上の少年がいた。私は、あるときその少年に、カッタを十枚ほど貸したことがあった。少年はカッタを他の者としていたが負けてしまった。返すからと言って、少年は私を店屋に連れて行き、新しいカッタ一枚を買った。新しいカッタで返してもらえると私が喜んだ瞬間、その少年は、買ったばかりのカッタをもみくちゃに折り曲げて、

「ハイ、十枚な。」

と言って私に渡した。

何たる仕打ちか。私は腹が立ち、近くのどぶにそれを投げ捨てた。五十年経った今でもその場面は鮮明に残っている。

カッタの流行も、ラムネと同じ道をたどって、いつの間にか廃れていった。

スケーター

兄たちの挑戦も万事休す

分限者ドンのエッちゃんが買ってもらったスケーターは、たちまち近所の子どもたちの垂涎《すいぜん》の的になった。みんな黙って食い入るようにそのスケーターを見ていた。エッちゃんは、スケーターに右足を乗せ、左足で地面をけりながら、スイスイとみんなの前を通り過ぎていくのであった。

初めてみる乗り物であった。ハンドルと車が三つ付いた、鉄製の遊び道具であった。金属製の頑丈な遊び道具が殆どなかった時代だったので、そのスケーターは本当に珍しかった。

「あんなものが欲しい。」

近所の小さな子どもたちは誰もが思った。が、買ってもらえそうな家の子はいなかった。エッちゃんは、得意げに皆の前を乗り回すだけで、貸そうとはしなかった。

そういう私たちを見て、中学生になっていた兄たちが、スケーターを作ってくれることになった。エッちゃんのスケーターを参考に、木で本体を作り始めた。近所の中学生が競って作り出したのだから、スケーターショックは相当なものであったのである。

長兄は家にあるありあわせの木と古い戸車などを利用してスケーターを作ってくれたが、それはものすごく不恰好でごっついものであった。それを見て私は少し落胆した。エッちゃんの鉄製のスケーターがますますスマートで軽やかに見えた。

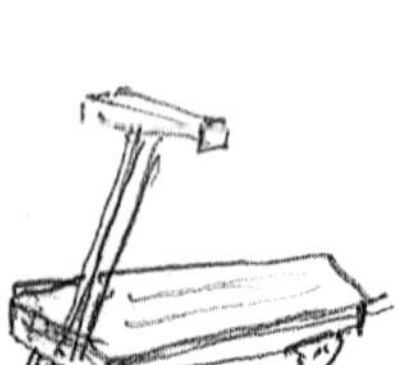

さて試乗となった。スケーターはすぐつんのめるようにして動かなくなった。そのはずである、土と砂利の道路では、戸車は小さ過ぎて、小石や砂が詰まってしまい、動かなくなるのであった。

そこで、兄はどこからか大きな滑車を見つけてきて、それを車として取り付けてくれた。少しは回転がスムーズになり、走ることができた。得意になって近所で乗り回した。

エッちゃんのおじいさんは私たちのそういうスケーターもどきを見て、「汚い。さわるな」とエッちゃんに言うのであった。確かにハンドルや本体に使われた木は薄汚れ、見た目には確かに悪かったが、兄の作ったスケーターに何を言うかという気持ちが起こった。

しかし、木製の悲しさ、滑車などを止めていた釘などはすぐに緩み出し、抜けかかった。挙句の果てには、鋳物で作ってあった滑車そのものが割れてしまった。万事休す。

スケーターを手作りするという兄たちの意欲もそれですっかりなくなってしまった。そして、皆はスケーターにそっぽをむき、急速に関心をなくした。その頃になって、エッちゃんはそれまでどうしても貸してくれなかったスケーターを、自分から貸すようになった。が、もう皆はスケーターに興味を示さなくなっていた。

グローブとミット

子どもたちは野球が好きだった

子どもたちは、野球が大好きであった。ボールが一個あれば野球が始まった。人数が少ないときは三角ベース。もっと少ないときは、本塁と一塁ベースだけでも野球をした。ルールは、人数や広場の状態に応じて、自分たちで決めた。

野球と言っても本格的な野球ではない。まず、第一に道具が殆どなかった。ボールはゴムまり、バットはほうきの柄や棒切れであった。

その頃は自動車も少なかったので、道路や路地裏のちょっとした広場があれば野球ができた。ボールがゴムまりなので、ガラスを割る心配もなかった。というより、ガラスを使っている家は少なかったのである。

しかし、子どもたちが求めていたのは少なくとも本格的な野球であった。

グローブやバットが欲しかった。本物の野球ボールも欲しかった。兄たちは、厚

手作りミット（綿入れ布製）

手のぼろ布や綿を見つけてきて、グローブやミットを自分で作った。ボールは分限者の子どもに頼るしかなかった。一個のボールを宝物のようにして使った。

グローブは指を作るのが難しく不恰好になってしまったので、あまり手作りしようという気が起こらなかった。だから、ピッチャーを除いて野手はみんな素手であった。時には投手も素手であった。捕球の仕方が悪いと手がジーンとして痛かった。そういう体験を経て、子どもたちはボールの勢いを殺す捕球の仕方を自然に学んでいった。

捕手はピッチャーの球を受けなければならなかったのでミットが必需品であった。ミットは形としては作り易かったが、綿をどのくらい詰めればよいか苦労した。少ないと手が痛かった。多すぎるとボールを摑《つか》み難かった。

その頃、綿は貴重品で、布団や座布団の古綿を親に貰ったり、時にはこっそり抜き出したりしてミットを作った。後から親に見つかって大目玉を食う者もいた。

バットは、樫《かし》などの手ごろな丸太を小刀などで削って作った。生木で乾燥が利いていなかったので、すこぶる重かった。非力な小さな子どもは、バットに振り回されていた。

子どもたちは、野球をしたくなると、

「野球する者、この指とまれ。」

と叫んで人を集めた。このひと言だけで子どもたちは集まってきた。それくらい子どもたちは近所の路地に満ち溢れていたのである。

集まった子どもたちを見て、年上の大将格の者が、年齢や技術の上手下手を見極めて一対一のじゃんけん相手を作り、そのじゃんけんで二つのチームに分かれるのであった。

試合になると年長の者が監督やコーチになって小さい者を指導した。指導というより、

「俺の言うことを聞かんと、後が怖いぞ。」

という脅迫まがいの指示であった。

特に技術の未熟な小さい者がバッターになると、バットを短く握らせたり、極端に体を屈み込ませたりした。要するにバットを振らせない、ストライクを取られない、アウトにさせない、という彼らなりの作戦であった。そうしないと自分の打順が回って来ないという算段であった。

こういう極端な年長者と同じチームになった小さい子どもは哀れであった。打ちたいボールも打てず、ボール拾いばかりをやらされた。野球の面白さはなかった。しかし、こういう理不尽があったからか、早くうまくなりたいと努力したのも確かである。

待望のグローブが我が家に来たのは、小学校四年生のときであった。そのグローブは母が失対の仕事先のグラウンドに落ちていたものだという。そこにいた野球部の者に届けたが、誰も引き取ろうとしなかったという。

それもそのはず、皮はよれよれ、ところどころに破れがあり、指の間の皮ひもも切れているという、捨ててもかまわないようなグローブであった。

兄が、破れを縫い、皮ひもをつけ、そして靴墨を塗ると、何とかまだ使えそうなグローブになった。それが我が家の初めての既製品のグローブであった。

皮が練れている分、捕球が深く、確実にできた。大人用なので小さな私には大き過ぎたが、自分なりに満足のいく良いグローブであった。

小学校の頃、隣の小学校と野球の対校試合をしたことがあった。私も選手になったて参加した。もちろんそのグローブを使った。その頃学校にはグローブがなかったので、子どもたちが持ってきたグローブを集めて共用した。私のグローブを使った者が、

「こん、グローブは悪りも悪り。ボロもボロじゃ。つかめもならん（捕球できない）。」

と苦情を言っているのを聞いた。私は黙ってそのグローブ受け取って守備についた。

「こんなにボールをつかみやすいグローブはないのに。」

と言いたかったが、しかし、見れば見るほど確かにぼろぼろでよれよれ、他のグローブより見劣りがした。

カルタ・すごろく・百人一首

豊かな我が家の正月三箇日

正月になると、我が家では、カルタやすごろく（双六）をよくした。

カルタは、いわゆる「犬棒いろはカルタ」で、読み札には、「犬も歩けば棒に当たる」「論より証拠」など、古くからの教えや処世訓などを盛り込んだ言葉が書かれてあった。

けれども、子どもの時には、そういう意味については、あまり考えたことがなかった。読まれるカルタをいかに速く取るかというだけであった。

そのうちに、絵札の絵と読み札の言葉の意味が一致することが分かってきた。「油断大敵」には、ウサギと亀のかけっこの絵が描いてあったし、「骨折り損のくたびれもうけ」には、障子張りの絵が書いてあったりした。

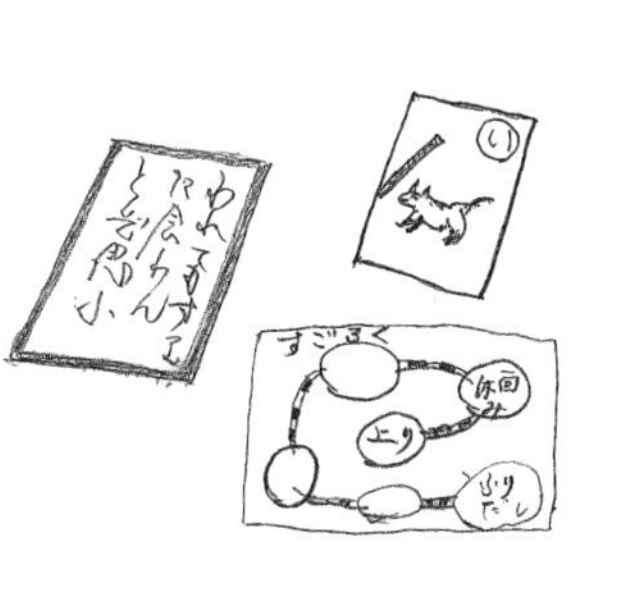

子どもの私は、文字でカルタを取るというより絵でカルタをとっていたのである。すごろくは、雑誌の付録や福袋の中の景品として入っていることが多かった。「振り出し」から、さいころを振って出た目の数だけ歩を進めていくのであるが、いいところまで進んだ所で、「一回お休み」とか「振り出しにもどる」などの文字が書いてあり、一向に「上がり」にならなかった。

私は、姉たちよりも進んでいるときは調子がいいのだが、そういうどんでん返しに遭って、他の者より遅くなると、泣きたくなるのであった。すると、姉たちはときどき例外を認めて、「二回お休み」を一回にしてくれるのであった。まことに勝手のいい泣きであった。

夜になって父が機嫌がよいと、ときどき百人一首をやろうということになった。我が家の「小倉百人一首」の札は相当に古いものであった。文字も変体仮名の筆書きで、達筆なのだが、読むのに苦労した。読み手はいつも父であった。父は節をつけて読んでいた。後年私も何かの折に札を読んだことがあったが、父とそっくりの節になっているのであった。

今考えると、我が家の百人一首取りは程度の低いものであった。皆が歌を覚えていないということであった。だから、上の句を読むときに札が取られるということは少なかった。父は下の句まで必ず読まなければならなかった。

しかし、それぞれに好きな歌があり、その歌の札だけは他の人には取られたくなかった。私の十八番は阿倍仲麻呂の、

天の原ふりさけ見れば春日なる　三笠の山に出し月かも

であった。また、恋わずらいをお笑いにした、落語でお馴染みの「瀬をはやみ」も得意な札であった。

私が取ることのできる札は数枚しかなく、いつも誰かと一緒に組んで枚数を競わされた。札がだんだん溜まりだすと、自分は取れなくてもうれしくなるのであった。最後は取った札を重ねて高さを比べ、順位を決めた。

百人一首のもう一つの札遊びは、絵札を使っての「坊主はぐい（はぐり）」であった。

絵札には、十二単《ひとえ》の女性や、烏帽子《えぼし》姿の貴族や、坊主頭の男性の絵が描かれていた。この札を裏返しにしてばらばらに並べ、そのうちの二枚をはぐり、絵が坊主と

坊主というように同じ絵柄なら自分のものになるという遊びであった。百人一首よりこの「坊主はぐい」の方が私には合っていた。

こうして、我が家のお正月の子どもの遊びを考えてみると、結構家族が一緒になって遊んでいることに驚かされる。頑固でやかましい父がその遊びの中心にいたということも、何か不思議な気がする。我が家は何もない貧乏家族であったが、今考えると、案外素敵な遊びをしていたものだと感じ入る。

あとがき

思い出すまま、思いつくまま、「物」について記憶に残っていることを書き連ねてきた。書き進む中で思いがけない発見があった。父のことである。

父については、私の成長の過程においてはよい印象を持たなかった。というより、反抗の対象であった。こういう親にはなりたくないという像が父であった。父は我が家においては理不尽な存在であった。その理不尽さに母も子もはね飛ばされ、泣かされた。しかし、この物語を書いていて、全編が父との記憶となっていることに、自分ながら驚かされた。しかも、それが決して悪い記憶ではなく、むしろ肯定的な記憶になっていることに、愕然《がくぜん》とする思いにかられた。

長い年月の間に、記憶が昇華され、美しいもの、快いものだけが記憶として残ってしまったのかもしれないと思えば思えないことはない。しかし、父の理不尽さはそう簡単に消えるような性質のものではなかったのである。家族はじっとじっと我慢し、それに耐えるしかなかったし、事実耐えてきた。

ただ、父は理不尽であったが、意地悪ではなかった。人一倍家族思いであった。父は、自分の思うようにならない家庭の経済状況や、それにともなう自分の存在の軽さなどを必要以上に考え、苛立《いらだ》っていたところがあった。それは、母や子どもたちへの叱責や繰言の中に表れていた。家族は表だって父にぶつかることはなかったが、内面的には、多分に父の価値観と母や子どもの価値観に相克があった。

家庭をまとめていたのは母であった。子どもたちは、母の耐え忍ぶ姿や一人苦労する姿に慕い寄っていた。父は家庭の中では一人孤高の人であった。

もうひとつの驚きは、記憶に残る「物」に「食べ物」が多かったということである。当時の食料事情からすると当然と言えば当然のことであろうが、これほど食への思いが強かったなどとは思いもよらなかった。

田畑を借りて耕すしかなかった我が家が、米を除いて、副食となる食材の大方を自給自足で賄っていたことは驚異としか言いようがない。それは両親の苦労の賜物であった。

ひもじい思いはたくさんしたが、それでもって不満に思ったことはなかった。なんとか腹を癒すほどの食事は両親が用意してくれていたということである。

書いているときに一番困ったのは、諸県弁なる方言の表記であった。いっそ標準語体で書こうとも思ったが、都城生まれの都城育ちの私には、この諸県弁を避けて通ることができなかった。標準語ではそのときの空気が伝わらないもどかしさがあった。しかし、諸県弁のアクセントや雰囲気を伝える表記法が難しく、どうしようもなかった。しかも、子どもの頃、大人たちが使っていた諸県弁の聞き間違いやうろ覚えも懸念されるのである。しかし、当時の私の耳にはそういうように聞こえていたということで、改めて調査するようなことはしなかった。

ただ、方言の意味や語源については、瀬戸山計佐儀氏の『都城さつま方言辞典』に大変お世話になった。初めて知る事柄も多く、辞典を引くことに興味が尽きなかった。こういう立派な先達が郷土におられることは頼もしい限りであった。

もう一つの困難点は、時間とともに「物」やその存在の姿が変化していくことであった。

終戦直後の二十年代と、幾分経済的にゆとりが出てきた三十年代後半では、物の質や量に対するものの考え方も感じ方も違ってきた。それを一文の中で年代を示しながら表すことは不可能なことではなかったが、この物語の意図するところはそういう時間と「物」との変化を追うことではなく、子どもの私が、その「物」に対してそのときどきに感じたことや、その「物」に関わる出来事や体験をありのままに書くことであった。

だから、ある文では、昭和の二十年代の我が家であったり、あるときは四十年代の我が家の様子が出てきたりして、家族も七人になったり、三人になったりする。読んでいただいた方には、どれがどの時代のことなのか、分かりづらいことだらけであったかもしれない。

幼い頃、我が家が貧乏であるという自覚はなかった。自分の住んでいる家庭の環境がそのまま自分の居場所であり、それが普通であった。だから、暮らしについて、こうあるべきとか、もう少し贅沢《ぜいたく》をしたいとかいう意識さえもほとんど起こらなかった。

人間は、生まれ落ちたところの環境に順応して生きる運命を背負っているのであるから、生まれ落ちたところが少なくとも普通なのである。

ところが、学校に行くなど、年齢とともに世間や社会が広くなってくると、他人の生活が見え、そして自分の生活が見えてくるのであった。着る物が違い、食べる物が違い、住む所が違っていた。小学校二、三年生の頃には、我が家が貧乏であることを少しずつ自覚し始めていた。

しかし、貧乏であることで、ことさら卑屈になったことはなかった。周りには我が家と同じような貧困家庭がたくさんあったからかもしれない。また、着る物が違うといっても、その頃は社会全体に物そのものが豊富でなかったから、品質も似たりよったりで、さほどの差を感じなかったのかもしれない。

父方は薩摩の下級武士の精神を受け継いでいたのか、貧乏ながら清なるところがあった。「武士は食わねど高楊枝」的なやせ我慢や、片意地なところがあった。ある面では偏屈といってもよい。だから、人前にでても精神的に臆するところがあってはならなかった。

その気配を、濃淡はあるにせよ、私たち子どもは受け継いでしまった。ついでに言えば、現在もその精神や貧乏までを受け継いでいる。

「貧乏は我慢すること」「他人をうらやまないこと」「贅沢をしないこと」「まじめ

に働くこと」。

これを守っておれば、いつかはきっと楽になる。忍耐と倹約そして勤勉が我が家の是であった。

ただ、貧乏して困ったのは、金がないということが、何かと夫婦喧嘩の原因になっていたことである。両親はよく喧嘩した。子どもはその度に暗い沈んだ生活を送らなければならなかった。お金に少し余裕があるときには両親の表情にもゆとりがあり、機嫌もよかった。

「金が人生のすべてではないが有ると便利、無いと不便です。便利のほうがいいなあ」という相田みつをの書があるが、お金は便利なだけでなく、心にゆとりも与えてくれるもののようである。

我が家にもう少しお金があったならば、姉兄はもちろん、私も少し違った人生を送ってこれたのかもしれないと思うときがある。しかし、それはないものねだりというものである。なかったからこそ今の自分があると思えば、貧乏であった両親と、それだからこそ家族としてのまとまりをつくった姉兄たち、すべての人に感謝するしかない。

本書は、二〇〇六年発行の『なぁんもねかったどん』（鉱脈社刊）を底本に、明らかな誤植等の修正および補正を加えて新たに制作したものです。（編集部）

［著者略歴］

北村　秀秋（きたむら　ひであき）

昭和19年に都城市に生まれる
宮崎大学教育学部数学科を卒業後、宮崎県内の国・公立中学校教諭
宮崎県教育庁指導主事、校長等を経て、北諸県教育事務所長、教育調整監
平成14年に都城市教育長、その後、宮崎学園短期大学教授等
平成20年から28年まで日向市教育長
平成29年『なぁんもねかったどん　おてっき歌とた』発刊

住所　〒880-0944　宮崎市江南２丁目 32-3

なぁんもねかったどん
霧島を見上げて育った少年の物語

23

二〇一七年五月　十　日印刷
二〇一七年五月十八日発行

著　者　北村秀秋 ©
発行者　川口敦己
発行所　鉱脈社
〒八八〇-八五五一
宮崎市田代町二六三番地
電話〇九八五-二五-一七五八

印刷 製本　有限会社　鉱脈社